Çok Uluslu Şirketler için Sorumlu İş Yönetimine ilişkin OECD Rehberi

OECD
BETTER POLICIES FOR BETTER LIVES

OECD Çok Uluslu Şirketler için Sorumlu İş Yönetimi Rehberi'nde 2023 yılında yapılan değişiklikler, Uluslararası Yatırımlar ve Çok Uluslu Şirketler Bildirgesi'ne taraf katılımcı devletler tarafından kabul edilmiştir [OECD/LEGAL/0144]. Çok Uluslu Şirketler için Sorumlu İş Yönetimi Rehberine ilişkin Konsey Kararı [OECD/LEGAL/0307] OECD Bakanlar Konseyi'nde kabul edilmiştir. Her iki belgeye ilişkin Yorumlar OECD Yatırım Komitesi tarafından onaylanmıştır. Önsöz, OECD Genel Sekreteri'nin sorumluluğunda yayınlanmış olup OECD üye ülkelerinin resmi görüşlerini yansıtmamaktadır.

İşbu belge ve bu belgede yer alan herhangi bir veri ve harita, herhangi bir bölgenin statüsüne ya da egemenliğine, uluslararası sınırların sınırlandırılmasına ve herhangi bir ülke, kent ya da bölgenin adına halel getirmez.

Lütfen bu yayını şu şekilde alıntılayın:
OECD (2023), *Çok Uluslu Şirketler için Sorumlu İş Yönetimine ilişkin OECD Rehberi*, OECD Publishing, Paris, https://doi.org/10.1787/8a1fb939-tr.

ISBN 978-92-64-47582-3 (Yazdır)
ISBN 978-92-64-86616-4 (PDF)

Orijinal başlık: OECD (2023), *OECD Guidelines for Multinational Enterprises on Responsible Business Conduct*, OECD Publishing, Paris, https://doi.org/10.1787/81f92357-en.
Bu çeviri, Mali ve Kurumsal İşler Müdürlüğü tarafından yaptırılmıştır ve OECD tarafından çevirinin doğruluğu garanti edilemez. Metnin resmî versiyonları, İngilizce ve/veya Fransızca metinlerdir.

OECD yayınlarının düzeltmeleri https://www.oecd.org/about/publishing/corrigenda.htm adresinde bulunabilir.

Önsöz

Çok Uluslu Şirketler için Sorumlu İş Yönetimine ilişkin OECD Rehberi (Rehber), hükümetler tarafından çok uluslu şirketlere yönelik olarak yapılan, söz konusu şirketlerin sürdürülebilir kalkınmaya yaptıkları ticari katkıyı arttırmayı ve ticari faaliyetlerinin insanlar, gezegen ve toplum üzerindeki olumsuz etkilerini ele almayı amaçlayan tavsiyelerdir. *Rehber* hükümetler tarafından *Rehberin* daha etkin bir şekilde uygulanmasını sağlamak için kurulan benzersiz uygulama mekanizmaları olan Sorumlu İş Yönetimi Ulusal Temas Noktaları (UTN'ler) tarafından desteklenmektedir.

İlk kez 1976 yılında yayımlanan *Rehber;* o tarihten bu yana, toplumsal değişimler ve uluslararası ticaret alanında yaşanan gelişmeler çerçevesinde amacına uygun olarak kullanılmaya devam edilebilmesi amaciyla sürekli olarak güncellenmiştir. 2023 yılında yapılan son güncelleme; 2011 yılındaki değişikliklerden bu yana elde edilen deneyimleri yansıtmakta bunun yanı sıra toplumların ve şirketlerin sosyal, çevresel ve teknolojik alanlarda karşılaştığı acil sorunlara ve öncelikli konulara odaklanmaktadır. Rehberde yapılan önemli değişikliklerden bazıları aşağıda belirtilmektedir:

- Şirketlerin uluslararası alanda kabul görmüş iklim değişikliği ve biyoçeşitlilik hedeflerine uymaları için yapılan tavsiyeler
- Verilerin toplanması ve kullanılması da dâhil olmak üzere teknolojinin geliştirilmesi, finansmanı, satışı, lisanslanması, ticareti ve kullanımı ile ilgili teknik değerlendirme çalışmalarından beklentiler
- Şirketlerin iş ilişkileri ile ürün ve hizmetlerinin etkileri hakkında teknik değerlendirme çalışmalarını nasıl yapmaları beklendiğine ilişkin tavsiyeler
- Şirketlerin iş yönetimiyle ilgili kaygılarını dile getiren kişiler de dâhil olmak üzere risk altındaki kişilere ve gruplara daha fazla koruma sağlanmasına ilişkin hususlar
- Sorumlu iş yönetimi bilgilerinin kamuoyuna duyurulmasıyla ilgili güncel tavsiyeler
- Yolsuzluğun tüm biçimlerini tespit etmek için kapsamı genişletilmiş uyum tavsiyeleri
- Lobicilik faaliyetlerinin Rehbere uygun bir şekilde yürütülmesini sağlamak için şirketlere yapılan tavsiyeler
- Sorumlu İş Yönetimi için Ulusal Temas Noktaları'nın görünürlüğünü, etkinliğini ve işlevselliğini arttırmaya yönelik güçlendirilmiş uygulamalar

Rehberi güncelleme çalışmaları, OECD Sorumlu İş Yönetimi Çalışma Grubu'na ve OECD Yatırım Komitesi'ne katılan, OECD Uluslararası Yatırımlar ve Çok Uluslu Şirketler Deklarasyonu'nu imzalayan 51 Katılımcı Ülke ve Avrupa Birliği tarafından yürütülmüştür. Güncellemeler; tüm dünyadan şirketler, işçiler ve sivil toplum temsilcileri de dâhil olmak üzere milyonlarca kişinin görüşlerini yansıtan kurumsal paydaşlar olan OECD İşveren ve Sanayi Danışma Komitesi (Business at OECD, BIAC) OECD Sendikalar Danışma Komitesi (Trade Union Advisory Committee, TUAC) ve OECD Watch ile yakın işbirliği içinde yapılmıştır. Bunun yanı sıra, süreç kapsamında, dünyanın dört bir yanından ilgili paydaşlara ve kamuoyuna açık iki istişare de gerçekleştirilmiştir.

Rehberin tematik bölümleri gözden geçirilirken Rekabet Komitesi; Tüketici Politikası Komitesi; Kurumsal Yönetim Komitesi; Kalkınma Yardım Komitesi; Dijital Ekonomi Politikası Komitesi; İstihdam, Çalışma ve Sosyal İşler Komitesi; Çevre Politikası Komitesi; Finansal Piyasalar Komitesi; Mali İşler Komitesi; Sanayi, Yenilik ve Girişimcilik Komitesi; Sigorta ve Özel Emeklilik Komitesi; Bilimsel ve Teknolojik Politikalar Komitesi; KOBİ'ler ve Girişimcilik Komitesi; Ticaret Komitesi; Uluslararası Ticari İşlemlerde Rüşvetle Mücadele Çalışma Grubu ve Yolsuzlukla Mücadeleden Sorumlu Üst Düzey Yetkililer Çalışma Grubu gibi OECD organlarına ve ilgili Sekretaryalarına danışılarak katkıları alınmıştır.. .

Mali ve Kurumsal İşler Direktörlüğü'ne bağlı OECD Sorumlu İş Yönetim Merkezi, süreç boyunca güncelleme çalışmalarına destek sağlamıştır.

İçindekiler

OECD Yayınlarını takip edin:

- https://twitter.com/OECD
- https://www.facebook.com/theOECD
- https://www.linkedin.com/company/organisation-eco-cooperation-development-organisation-cooperation-developpement-eco/
- https://www.youtube.com/user/OECDiLibrary
- https://www.oecd.org/newsletters/

Uluslararası Yatırımlar ve Çok Uluslu Şirketler Deklarasyonu

KATILIMCI DEVLETLER[1]

AŞAĞIDAKİ HUSUSLARI GÖZ ÖNÜNDE BULUNDURARAK:

- Uluslararası yatırımların dünya ekonomisi için büyük bir önem taşıdığını ve ülkelerinin kalkınmasına ciddi bir katkıda bulunduğunu;
- Söz konusu yatırım süreçlerinde çok uluslu şirketlerin önemli bir rol oynadığını;
- Uluslararası işbirliğinin yabancı yatırım ortamını iyileştirebileceğini, çok uluslu şirketlerin ekonomik, sosyal ve çevresel ilerlemeye yapabilecekleri olumlu katkıyı teşvik edebileceğini ve faaliyetlerinden kaynaklanabilecek zorlukları asgari düzeye indirip çözebileceğini;
- Uluslararası işbirliğinin faydalarının uluslararası yatırımlara ve çok uluslu şirketlere ilişkin hususların birbiriyle ilişkili enstrümanların dengeli bir çerçevede ele alınmasıyla artırılabileceğini dikkate alarak;

ŞU HUSUSLARI BEYAN EDER:

Çok Uluslu Şirketler Rehberi

I. Katılımcı devletler, önsözde belirtilen ve bunların ayrılmaz bir parçasını oluşturan hususları ve mutabakatları göz önünde bulundurarak, kendi topraklarında veya kendi toprakları üzerinden faaliyet gösteren çok uluslu şirketlere Ek 1 'de[2] sunulan Rehbere uymalarını müştereken tavsiye eder.

Ulusal Muamele

II. 1. Katılımcı devletler; kamu düzenini sürdüme ve güvenlikle ilgili temel çıkarlarını koruma, uluslararası barış ve güvenlikle ilgili taahhütlerini yerine getirme ihtiyaçları doğrultusunda, kendi topraklarında faaliyet gösteren, ve başka bir katılımcı ülke vatandaşlarının doğrudan ya da dolaylı sahipliğinde ya da kontrolünde olan çok uluslu şirketlere (bundan böyle "Yabancıların Kontrolündeki Şirketler" olarak anılacaktır) kendi kanunları, düzenlemeleri ve idari uygulamaları uyarınca uluslararası hukuka uygun ve yerli şirketlere benzer durumlarda uygulanandan daha az elverişli olmayan bir muamelede (bundan böyle "Ulusal Muamele" olarak anılacaktır) bulunmalıdır.

2. Katılımcı devletler; katılımcı ülkeler dışındaki ülkelerde bulunan şirketlere de "Ulusal Muamele" ilkesini uygulamayı değerlendirecektir.

---

[1] 8 Haziran 2023 itibariyle, OECD'ye üye tüm ülkelerin yanı sıra Arjantin, Brezilya, Bulgaristan, Hırvatistan, Mısır, Ürdün, Kazakistan, Fas, Peru, Romanya, Tunus, Ukrayna ve Uruguay da katılımcı devletler arasında yer almaktadır. Avrupa Topluluğu, kendi yetki alanına giren konularda Ulusal Muamele bölümünü desteklemeye davet edilmiştir.

[2] *Çok Uluslu Şirketler için Sorumlu İş Yönetimine İlişkin OECD Rehberinin* metni, bu yayının I. Bölümü'nde sunulmaktadır.

3. Katılımcı devletler; ülkelerindeki yerel unsurlar nezdinde de "Ulusal Muamele" hükmünün uygulanmasını sağlamak için çaba göstereceklerdir.

4. Katılımcı devletler; bu Deklarasyon'un, devletlerin yabancı yatırım girişini veya yabancı şirketlerin kuruluşu ile ilgili koşulları düzenleme hakkını ele almadığını kabul ederler.

Çelişkili Şartlar

III. Katılımcı devletler, çok uluslu şirketlere çelişkili şartların dayatılmasını önlemek veya bu tür durumları asgari düzeye indirmek amacıyla işbirliği yaparak Ek 2'de belirtilen genel hususları ve uygulamaya dönük yaklaşımları dikkate alacaklardır.[3]

Uluslararası Yatırım Teşvikleri ve Caydırıcılar

IV. 1. Katılımcı devletler; uluslararası doğrudan yatırım alanında işbirliğini güçlendirme ihtiyacını kabul ederler.

2. Dolayısıyla bu alanda uluslararası doğrudan yatırımı yasal olarak teşvik eden veya caydıran belirli kanunlar, düzenlemeler ve idari uygulamalardan (bundan böyle "önlemler" olarak anılacaktır) etkilenen katılımcı devletlerin çıkarlarına gereken önemi verme ihtiyacını kabul ederler.

3. Katılımcı devletler; bu tür önlemleri, mümkün olduğunca şeffaf hâle getirmeye çalışacaklardır. Böylece önlemler ve bu önlemlerin amaçları rahatlıkla anlaşılabilecek ve bunlarla ilgili bilgilere kolayca erişilebilecektir.

İstişare prosedürleri

V. Katılımcı devletler, Konsey'in ilgili Kararları doğrultusunda, yukarıdaki konularda birbirleriyle istişare etmeye hazır olduklarını beyan ederler.

Gözden geçirme

VI. Katılımcı devletler uluslararası ekonomik işbirliğinin etkinliğini arttırmak amacıyla uluslararası yatırım ve çok uluslu şirketlerle ilgili konularda, yukarıda belirtilen hususları düzenli olarak gözden geçireceklerdir.

[3] Ek 2, Uluslararası Yatırımlar ve Çok Uluslu Şirketler Deklarasyonu'nun tam metnine aşağıdaki bağlantı üzerinden erişilebilir: https://legalinstruments.oecd.org/en/instruments/OICEF-LEGAL-0144.

I. Bölüm: Çok Uluslu Şirketler için Sorumlu İş Yönetimine İlişkin OECD Rehberi

Metin ve Açıklamalar

Giriş

1. *Çok Uluslu Şirketler için Sorumlu İş Yönetimine İlişkin OECD Rehberi* (*Rehber*); devletler tarafından çok uluslu şirketlere yapılan tavsiyelerden oluşmaktadır. *Rehbere* uymayı taahhüt eden/taraf olan ülkelerin ortak amacı; şirketlerin ekonomik, çevresel ve sosyal alanlardaki ilerlemelere yapabilecekleri olumlu katkıları teşvik etmek ve şirket faaliyetlerinin, ürünlerinin ve hizmetlerinin Rehberde ele alınan konular üzerindeki olumsuz etkilerini asgari düzeye indirmektir. Sorumlu iş yönetimi; küresel pazarlarda eşitlikçi bir ortamın oluşturulmasına katkıda bulunabilir, dinamik ve düzgün işleyen bir iş sektörünün gelişimini teşvik edebilir. ve iş dünyasının, iklim değişikliğine yönelik çözümler de dâhil olmak üzere, sürdürülebilir kalkınma hedeflerine ulaşılmasına daha fazla katkıda bulunmasını sağlayabilir.

2. *Rehber*, *OECD Uluslararası Yatırımlar ve Çok Uluslu Şirketler Deklarasyonu'nun* [OECD/LEGAL/0144] bir parçasını oluşturur. Katılımcı devletler, *Çok Uluslu Şirketler için Sorumlu İş Yönetimine İlişkin OECD Rehberi* [OECD/LEGAL/0307] hakkındaki Konsey Kararı uyarınca, etkinliklerini arttırmak için bağlayıcı bir taahhütte bulunurlar. Sorumlu İş Yönetimi için Ulusal Temas Noktaları bu konuda önemli bir rol oynar.

3. *Rehber*, sorumlu ticareti ve yatırımı teşvik etmeyi ve böylece küresel pazarlarda , sürekli katılım ve iyileştirme yoluyla ticaretin ve yatırımın faydalarının katlanarak arttırılmasını amaçlamaktadır. Uluslararası ticaret ve yatırım, dünyadaki ülkeler ve bölgeler arasındaki bağları güçlendirir, derinleştirir ve daha fazla ve daha iyi iş imkanlarının yaratılması, becerilerin geliştirilmesi, yaşam kalitesini artıran ürün ve hizmetlerin sağlanması ve dijital ve yeşil dönüşüm için gerekli finansman imkanlarına ve teknolojiye erişim de dahil olmak üzere toplumların sürdürülebilir kalkınma hedeflerine ulaşmasında ihtiyaç duyulan önemli faydaların elde edilmesini sağlar.

4. *Rehber*; Katılımcı/Taraf devletlerin, kendi ülkelerinde veya ülkeleri üzerinden faaliyet gösteren şirketlerden sorumlu iş yönetimine ilişkin ortak beklentilerini ifade eder ve şirketlere ve diğer paydaşlara güvenilir bir refreans noktası sağlar. Şirketlerin, *Rehberde* ele alınan konulardaki fiili ve potansiyel olumsuz etkileri tespit etmeleri, önlemeleri, hafifletmeleri ve bunlara müdahale etmeleri için şirketlere riske dayalı durum tespiti yapmaları önerilmektedir. Bu bağlamda, *Rehber* sorumlu iş yönetimini tanımlamaya ve uygulamaya yönelik özel ve kamusal çabaları hem tamamlar hem de güçlendirir.

5. *Rehberde* yürürlükteki yasalara ve uluslararası kabul görmüş standartlara uygun sorumlu iş yönetimi için gönüllü ilkeler ve standartlara yer verilmektedir. *Rehberde* ele alınan hususlar, uluslararası taahhütler ve ulusal hukuk kapsamındaki düzenlemelere tabi olabilir. *Rehberde* sorumlu iş yönetimine ilişkin tavsiyeler özetlenir ve bu tavsiyeler, şirketlerin yasal olarak uyması gereken şartların ötesine geçebilir. Devletlerin, şirketlere Rehbere uymaları yönündeki tavsiyesi, yasal sorumluluk ve yaptırım konularından ayrıdır.

6. Ticaret ve yatırım faaliyetleri, hukukun üstünlüğünün ve sivil toplumun korunduğu şeffaf, rekabetçi ve uygun şekilde düzenlenmiş pazarlarda yürütüldüğünde, çok uluslu şirketlerin sürdürülebilir kalkınmayı destekleme kapasitesi büyük ölçüde artmaktadır. Hükümetlerin; sorumlu iş uygulamalarını yönlendirmek, desteklemek ve teşvik etmek için etkin bir politika ortamı oluşturarak *Rehberin* etkili bir şekilde uygulanmasını destekleme konusunda önemli bir rolü vardır. Bu kapsamda ulusal ve uluslararası düzeydeki politikalar arasında tutarlılık bulunması, sorumlu iş yönetimi girişimlerinin de uyumlu olmasını teşvik edebilir. Bu bağlamda, zorunlu veya gönüllü yaklaşımları, kurumsal kapasite geliştirme ve diğer önlemleri de ustalıkla birleştiren hükümet yaklaşımları ve önlemleri de önem taşır. Sorumlu iş yönetimine ilişkin belirli politikaların, mevzuatın ve diğer önlemlerin nasıl tasarlanacağı ülkelerin siyasi, idari ve yasal bağlamlarına bağlı olacaktır.

7. Uluslararası ticarete yönelik politik, ekonomik, çevresel, sosyal, fiziksel ve teknolojik ortamda büyük ve hızlı bir değişim yaşanmaktadır. *Rehber* bu değişiklikleri yansıtacak şekilde geliştirilmiştir. Onlarca yıl boyunca, uluslararası ticaret ve finansmanın, küresel ekonomiden aldığı pay ciddi ölçüde artmıştır. Büyük şirketler, uluslararası ticaret ve yatırım pastasının halen önemli bir bölümünü oluşturmakla birlikte, küçük ve orta ölçekli şirketlerin de sınır ötesi ticaret hacmi ve yatırımları artmıştır ve bu şirketler, uluslararası pazarlarda giderek daha önemli bir rol oynamaktadır. Çok uluslu şirketler; yerli şirketler gibi, daha geniş bir yelpazedeki iş düzenlemelerini ve organizasyon biçimlerini kapsayacak şekilde gelişim göstermiştir. Teknolojik gelişmelerin yanı sıra stratejik ittifaklar, tedarikçiler ve yükleniciler arasındaki daha yakın ilişkiler, şirket sınırlarını belirsizleştirme eğilimindedir. Çok uluslu şirketlerin yapısındaki hızlı gelişim, . sınır ötesi ticaretten ve yatırımlardan aldığı payı giderek arttıran gelişmekte olan ekonomilerdeki faaliyetlerine de yansımaktadırGelişmekte olan ekonomilerde, çok uluslu şirketlerin faaliyet alanları, birincil üretimin ve madencilik endüstrisinin ötesine geçerek üretim imalat, montaj, iç pazar geliştirme ve hizmetler konusunda daha fazla çeşitlilik göstermeye başlamıştır.

8. Ekonomik değişimlerin niteliği, kapsamı ve hızı; şirketler ve paydaşları için yeni stratejik zorlukları da beraberinde getirmiştir. Rekabetçi baskılar yoğundur ve çok uluslu şirketler çok çeşitli yasal, sosyal ve düzenleyici ortamlarda faaliyet göstermektedir. Çok sayıda çok uluslu şirket, iş yönetimi konusunda yüksek standartlara bağlılığın büyüme ve kârlılıkla birlikte hareket ettiğini ortaya koymuştur. Şirketler; sürdürülebilir kalkınmayı teşvik eden ve ekonomik, çevresel ve sosyal hedefler arasındaki tutarlılığı destekleyen iş modellerini giderek daha fazla uygulamaktadır. Bunun yanı sıra sorumlu iş yönetiminin bileşenleri konusunda toplumsal diyaloğu teşvik etmek ve sorumlu iş yönetimine yönelik rehberlik geliştirmek için çok paydaşlı girişimler de dâhil olmak üzere şirketler bir dizi girişimde farklı paydaşlarla birlikte çalışmaktadır.

9. 1976 yılında *Rehberin* kabul edilmesi ve daha sonra *Rehberde* yapılan güncellemeler, sorumlu iş yönetimine ilişkin ilkelere ve standartlara uyum konusunda artan talebe işaret etmektedir. Bu sürecin başlangıcı, Uluslararası Çalışma Örgütü'nün 20. yüzyılın başlarındaki çalışmalarına dayandırılabilir. 1948 yılında Birleşmiş Milletler İnsan Hakları Evrensel Beyannamesi'nin kabulü de diğer bir dönüm noktasıdır. Bunu, sorumlu iş davranışının birçok alanıyla ilgili standartların sürekli olarak geliştirilmesi takip etmiştir.. OECD de çevre, yolsuzlukla mücadele, tüketici hakları, kurumsal yönetim ve vergilendirme gibi alanlarda standartlar geliştirerek bu sürece önemli katkılar sağlamıştır.

10. *Rehber* sorumlu iş yönetimi konusunda öncü uluslararası belge olmaya devam etmektedir. *Rehbere* uymayı taahhüt eden Katılımcı devletler; aynı amaç doğrultusunda, kendilerine özgü yollarla çalışan birçok şirket, sendika ve diğer sivil toplum kuruluşu ile birlikte uygulamaları geliştirmek için birbirleriyle ve diğer devletlerle işbirliği yapmayı taahhüt ederler.

I. Kavramlar ve Esaslar

1. Bu rehberde öngörülen prensipler/kurallar; katılımcı Devletlerin ortaklaşa öngördükleri çok uluslu şirketlere yönelik tavsiyelerden oluşmaktadır. Rehber, uygulanabilir kanunlar ve uluslararası kabul görmüş standartlar ile uyumlu iyi uygulama standart ve ilkeleri içermektedir Şirketlerin Rehbere riayet etmeleri yasal bir zorunluluk olmayıp; Rehberin uygulanması gönüllülük esasına dayanmaktadır. Bununla birlikte, Rehber kapsamında yer alan bazı konular aynı zamanda ulusal hukuk ve uluslararası taahhütlerle de düzenlenebilir.
2. Ulusal kanunlara uymak çok uluslu şirketlerin birincil yükümlülüğüdür. Rehber, ulusal kanun ve düzenlemelerin yerine geçmez ve bunlardan üstün tutulamaz. Devletlerin *Rehber* hükümleri ya da ilgili uluslararası taahhütlere uygun ilke ve standartları yerine getirme konusunda başarısızlığı, şirketlerden *Rehbere* uymaları yönündeki beklentiyi azaltmaz. Rehber, çoğu durumda kanunların ötesine geçmekle birlikte, şirketleri birbiriyle çelişen yükümlülükler altında bırakmayı amaçlamaz ve amaçlamamalıdır. Ancak, ulusal kanun ve düzenlemelerin Rehberdeki prensip ve standartlarla çelişmesi durumunda, şirketler bu prensip ve standartları mümkün olduğu ölçüde ve ulusal kanunları ihlal etmeden uygulamanın yollarını aramalıdır.
3. Çok uluslu şirketlerin dünya çapında faaliyet göstermesi sebebiyle bu alandaki uluslararası işbirliğine bütün ülkelerin dahil olması gerekmektedir. Katılımcı devletler, kendi ülkelerinde veya ülkeleri üzerinden faaliyette bulunan şirketlerin çalışmaları sırasında ülkedeki şartları da dikkate alarak şirketleri Rehbere riayet etmeye teşvik eder.
4. *Rehberin* amaçları doğrultusunda, çok uluslu şirketlerin net bir tanımının yapılması şart değildir. *Rehberde* bu amaçlar doğrultusunda hangi şirketlerin çok uluslu şirket sayılacağını belirleme konusunda geniş kapsamlı bir yaklaşım bulunmakla birlikte, şirket yapısının veya faaliyetlerinin ve ticari şeklinin, amacının ya da çalışmalarının uluslararası niteliği bu konuda dikkate alınacak temel faktörlerdir.. Ekonominin bütün sektörlerinde faaliyet gösteren bu şirketler, birden daha fazla ülkede kurulmuş ve birbirleriyle bağlantılı işletme ve diğer kuruluşlardan oluşmakta ve faaliyetlerini çeşitli yollarla koordine etmektedir. Bu kuruluşlardan bir veya daha fazlası diğerlerinin faaliyetleri üzerinde önemli ölçüde etkili olabilirken, bu kuruluşların özerklik dereceleri de şirketten şirkete değişiklik gösterebilmektedir. Çok uluslu şirketlerin mülkiyeti özel, kamu veya karma yapıda olabilir. Rehber, çok uluslu şirketler içerisindeki bütün kuruluşlara (ana şirketler ve/veya yerel birimler) yönelik hazırlanmıştır. Rehbere uyumun kolaylaştırılması için, kuruluşların her birinin kendi sorumluluğu kapsamında işbirliği içerisinde, birbirlerine yardımcı olmaları beklenmektedir
5. Rehber, yerli ve uluslararası şirketler için farklı uygulamalar getirme amacına yönelik olmayıp, herkes için iyi işletme uygulamalarını yansıtmaktadır. Dolayısıyla, Rehberde yer alan konulara ilişkin uygulamalarda yerli ve uluslararası şirketler arasında farklılık olmaması beklenmektedir
6. Devletler, Rehbere mümkün olan en yaygın biçimde riayet edilmesini teşvik etmeyi arzulamaktadır. Küçük ve orta ölçekli şirketlerin büyük şirketlerle aynı kapasiteye sahip olmadıklarının kabul edilmesine rağmen, katılımcı ülkeler yine de Rehberdeki önerilere bu şirketler tarafından mümkün olduğu ölçüde uyulmasını teşvik eder.
7. Katılımcı devletler Rehberi, korumacı amaçlarla ya da çok uluslu şirketleri yatırım yapacakları ülkenin karşılaştırmalı üstünlüğü konusunda şüpheye düşürmek amacıyla kullanmayacaktır.

8. Devletler, uluslararası hukukun tanıdığı yetki çerçevesinde çok uluslu şirketlerin faaliyette bulunacakları koşulları düzenleme hakkına sahiptir. Çok uluslu şirketlerin farklı ülkelerde yerleşik kuruluşları bu ülkelerde uygulanan kanunlara tabidir. Çok uluslu şirketler Rehberi benimseyen ülkeler ya da üçüncü ülkeler tarafından birbiriyle çelişen şartlara tabi tutulurlarsa, ilgili hükümetler, doğabilecek sorunların giderilmesi amacıyla iyi niyetle işbirliği yapma yoluna gidecektir.
9. Katılımcı devletler, şirketlere eşit davranma ve uluslararası hukuktan ve sözleşmeden doğan zorunlulukları sebebiyle sorumluluklarını yerine getirme anlayışıyla Rehberi oluşturmuştur.
10. Rehber, şirketler ile ülkesinde yatırım yapılan devletler arasında ortaya çıkabilecek yasal sorunların çözümlerini kolaylaştırıcı bir yol olarak, arabuluculuk da dahil olmak üzere, uygun anlaşmazlık çözüm mekanizmalarının kullanılması teşvik edilmektedir
11. Katılımcı devletler, Rehberi uygulayacak, Rehberin uygulanmasını teşvik edecek ve Rehberin tanıtılması ve ilgili sorunların ele alınması amacıyla Ulusal Temas Noktalarını kuracaktır. Katılımcı devletler, aynı zamanda değişen dünya şartlarında Rehberin yorumlanmasına ilişkin konuların ele alınması amacıyla gerekli gözden geçirme ve danışma prosedürlerine de katılacaktır.

II. Genel Politikalar

Şirketler, faaliyet gösterdikleri ülkelerde mevcut politikaları tam olarak dikkate almalı ve diğer paydaşların görüşlerini göz önünde bulundurmalıdır. Bu doğrultuda:

A. Şirketler:

1. Sürdürülebilir kalkınmayı sağlamak amacıyla ekonomik, sosyal ve çevresel gelişmeye katkıda bulunmalıdır.
2. Yürüttükleri faaliyetlerinden etkilenen insanların uluslararası alanda kabul görmüş insan haklarına saygı göstermelidir.
3. Yerel toplum ile yakın işbirliği içerisinde, ticari çıkarlar ile şirketin yerli ve uluslararası piyasalardaki faaliyetlerinin geliştirilmesini içeren ve makul ticari uygulama ihtiyacıyla uyumlu olacak şekilde yerli kapasitenin oluşturulmasını teşvik etmelidir.
4. Özellikle, istihdam olanakları yaratarak ve istihdam edilenler için eğitim fırsatlarını artırarak beşeri sermaye oluşumunu teşvik etmelidir.
5. İnsan hakları, çevre, sağlık, güvenlik, çalışma, vergi, finansal teşvikler gibi konularda mevzuatta ve düzenlemelerde öngörülemeyen muafiyetler istemekten veya bu tür muafiyetleri kabul etmekten kaçınmalıdır.. Lobicilik faaliyetlerini etik ilkelere uygun ve şeffaf bir şekilde yürütmelidir.
6. Şirket bünyesindeki tüm gruplar da dâhil olmak üzere şirketin tamamında iyi kurumsal yönetim ilkelerini destekleyerek kurumsal yönetimle ilgili iyi uygulamaları geliştirmeli ve hayata geçirmelidir.
7. Kuruluşlar ile içerisinde faaliyette bulundukları toplumlar arasındaki karşılıklı güven ilişkisini besleyen etkili düzenleme mekanizmaları ve idari sistemleri geliştirecek ve uygulamalidir.
8. Çalışanların şirket politikalarının bilincinde olmalarını sağlamalı ve eğitim programları da dâhil olmak üzere çeşitli yollarla bu politikalara uymalarını teşvik etmelidir.
9. Yasaya, Rehbere ya da şirket politikalarına aykırı davranışlarda bulunulduğu takdirde, şirket idaresine veya varsa yetkili kamu idaresine doğru ihbarlarda bulunan çalışanlar, sendika temsilcileri ya da diğer işçi temsilcileri aleyhine ayrımcılık yapmaktan veya disiplin cezası uygulamaktan kaçınmalıdır.
10. Şirketin faaliyetleri, ürünleri veya hizmetlerinin ilgili fiili veya potansiyel olumsuz etkileri araştıran veya soruşturan ya da gündeme getiren herhangi bir kişi veya gruba karşı, şirketin iş ilişkisi içinde olduğu kuruluşlar da dâhil olmak üzere şirket tarafından mukabele edilmesini önlemeli ve bunları önlemek için adımlar atmalıdır. Bu kapsamda, bireylerin ve grupların kaygılarını dile getirmek için kendilerini güvende hissettikleri bir ortamın teşvik edilmesi de gerekir. Şirketler, gerektiğinde, mukabelenin olumsuz etkilerinin giderilmesine de katkıda bulunmalıdır.
11. Mevcut durumun risk bazlı teknik değerlendirmesini yapmalı ve örneğin 12 ve 13'üncü fıkralarda tanımlanan mevcut ve olası olumsuz etkileri belirlemek, önlemek ve hafifletmek için şirketin risk yönetim sistemine bunu dahil ederek, bu etkilerle nasıl başa çıkılacağını belirlemelidir. Bu teknik değerlendirme, durumun gereklerine göre nitelik ve kapsam bakımından değişiklik gösterebilecektir.

12. Faaliyetleri aracılığıyla Rehberde yer alan konularda olumsuz etkiler yaratmaktan ya da buna yol açmaktan kaçınmalı ve bu tür etkiler oluştuğunda müdahale etmelidir. Bu kapsamda olumsuz etkilerin giderilmesi için gerektiğinde işbirliği de yapmalıdır.
13. Oluşmasında pay sahibi olmasalar da iş ilişkileri nedeniyle faaliyetleri, ürünleri ya da hizmetleriyle doğrudan bağlantısı olan olumsuz etkileri önlemeye ya da etkisini hafifletmeye çalışmalıdır. Buradaki amaç sorumluluğun, olumsuz etkiye neden olan kuruluştan iş ilişkisi içinde olduğu şirkete aktarılması değildir.
14. Rehberle ilgili konularda oluşan olumsuz etkilerin çözümlenmesinde, tedarikçiler ve taşeronlar da dahil olmak üzere iş ortaklarını mümkün olduğu ölçüde Rehberle uyumlu olacak şekilde iyi yönetim uygulamalarını benimsemeleri için teşvik etmelidir.
15. Teknik değerlendirme çalışmaları kapsamında, ilgili paydaşların veya meşru temsilcilerinin *Rehberde* ele alınan konularla ilgili kendilerini önemli ölçüde etkileyebilecek faaliyetlere yönelik görüşlerini dikkate almak için fırsatlar sağlayarak ilgili paydaşlarla veya meşru temsilcileriyle anlamlı ilişkiler kurmalıdır.
16. Yerel siyasi faaliyetler içerisinde uygunsuz bir şekilde yer almaktan kaçınmalıdır.

B. Şirketler

1. Gerektiği takdirde, sorumlu tedarik zinciri yönetimi konusunda özel ya da çok taraflı girişimler ile sosyal diyaloğa katılmaya ve bunları desteklemeye; aynı zamanda da bu girişimlerin, mevcut uluslararası kabul görmüş standartlar ile gelişmekte olan ülkeler üzerinde yarattıkları sosyal ve ekonomik etkilerinin dikkate alınmasını sağlamaya teşvik edilmektedir.

II. Bölüm: Genel Politikalar Hakkında Açıklama

1. *Rehberin* Genel Politikalar kısmı, şirketlere yönelik spesifik öneriler içeren ilk metin olması nedeniyle izleyen bölümlerde yer alan özel öneriler için niteliğin belirlenmesi ve ortak temel prensiplerin oluşturulması açısından önemlidir.

2. Şirketlerin, politika ve kanunların oluşturulması ve uygulanmasında hükümetlerle işbirliği yapmaları teşvik edilmektedir. Yerel topluluk ve iş çıkar çevreleri de dahil olmak üzere, bütün paydaşların görüşlerinin göz önüne alınmasıyla yukarıda değinilen işbirliği süreci zenginleştirilebilir. Hükümetlerin şirketlerle ilişkilerinde şeffaf olmalarının gerekliliği ve bu konularda şirketlerle görüş alışverişi içinde olmalarının önemi de kabul edilmektedir. Şirketlerin ve sosyal paydaşların yanı sıra sivil toplum kuruluşları ve sendikalar gibi diğer paydaşlar da, kendilerini etkileyen politikalarla ilgili olarak hem gönüllülük esasına dayanan yaklaşımları hem de düzenleyici yaklaşımları (*Rehber* de bu düzenleyici yaklaşımlardan biridir) geliştirme ve uygulama süreçlerinde hükümetin paydaşları olarak görülmelidir.

3. Çok uluslu sirketlerin faaliyetleriyle sürdürülebilir kalkınma arasında çatışma olmaması ve *Rehberin* bu anlamda tamamlayıcılığı güçlendirmesi amaçlanmıştır. Nitekim, ekonomik, sosyal ve çevresel gelişmeler arasındaki bağlar, sürdürülebilir kalkınma amacının esas araçlarıdır.[1]

4. IV. Bölüm'ün A.2 fıkrasında insan haklarına ilişkin genel tavsiye daha ayrıntılı bir şekilde ele alınmaktadır.

---

[1] 1987 Dünya Çevre ve Kalkınma Komisyonu'nda (Brundtland Komisyonu) sürdürülebilir kalkınmanın en geniş kabul görmüş tanımlarından biri şudur: "Gelecek nesillerin kendi ihtiyaçlarını karşılama yeteneğinden ödün vermeden bugünün ihtiyaçlarını karşılayan kalkınma". Küresel yoksulluğu ortadan kaldırmak, gezegeni korumak ve tüm insanların barıştan ve refahtan yararlanmasını sağlamak için belirlenen küresel hedefler bu konuda önemli bir referans noktasıdır.

5. Rehber, ayrıca, çok uluslu şirketlerin faaliyette bulundukları toplum içinde, faaliyetlerinin sonucu olarak yerel kapasite inşasına katkıda bulunabileceklerini kabul etmekte ve desteklemektedir. Benzer şekilde, beşeri sermaye oluşumu hususundaki tavsiyeler, çok uluslu şirketlerin sadece istihdam sağlama ile sınırlı olmayan kendi çalışanlarına sunabildiği eğitim ve çalışanların diğer gelişim faaliyetlerini de kapsayabilen, bireylerin gelişimine katkının açık ve ileriye dönük kabulüdür. Beşeri sermaye oluşumu, işe alımda ayrımcılık yapılmaması kadar, terfi, hayat boyu eğitim ve diğer hizmet içi eğitim programlarını da içermektedir.

6. Şirketler, kamusal söylemlere özgürce katılırlar. Kamusal düzeyde savunuculuk yapan şirketler, *Lobicilik Faaliyetlerinde Şeffaflık ve Dürüstlük İlkelerine İlişkin Tavsiye Kararını [OECD/LEGAL/0379]* dikkate alarak lobicilik faaliyetlerinin *Rehber* kapsamındaki taahhütleri ve hedefleri ile tutarlı olmasını sağlamalıdır. Devletler, kamu görevlilerinin lobicilik faaliyetleri ile ilgili riskler doğrultusunda, kamu idarelerinde etik çerçevesi oluşturmakla yükümlüdür. Rehber, genel olarak, şirketlere, şirketlerin yasalar ve düzenleyici mevzuatta değişiklik isteme hakkını ihlal etmeksizin, çevre, sağlık, güvenlik, işgücü, vergi ve mali teşviklerle ilgili yasalar çerçevesinde öngörülmeyen muafiyetlerin sağlanması çabalarından kaçınmalarını tavsiye etmektedir. "Veya kabul etmekten" ifadesi, bu muafiyetlerin önerilmesinde devletin rolüne dikkat çekmektedir. Bu tür hükümler geleneksel olarak hükümetlere yönelik olmakla birlikte, aynı zamanda çok uluslu şirketlerle de doğrudan ilgilidir. Buna karşın, bazı kanun ve politikalara ilişkin muafiyetlerin, kamu politikalarına ilişkin haklı sebepler nedeniyle bu kanunlarla çelişmediği durumlar da vardır. Çevre ve rekabet politikası bölümleri buna örnektir.

7. *Rehber, G20/OECD Kurumsal Yönetim İlkeleri'nden [OECD/LEGAL/0413]* doğan iyi kurumsal yönetim uygulamalarının şirketler tarafından uygulanmasını tavsiye etmektedir. Bu ilkeler, hissedarlara eşit davranılması da dahil olmak üzere, hissedarların haklarının korunmasını talep etmektedir. Şirket, paydaşların kanunla ya da karşılıklı anlaşmalarla belirlenmiş haklarını tanımalı ve paydaşlarla gelir, istihdam yaratılması ve mali açıdan sağlam şirketlerin devamının sağlanmasında aktif işbirliğini teşvik etmelidir.

8. İlkeler, ana şirketin, bir taraftan paydaşların çıkarlarını dikkate alırken, diğer taraftan şirketin stratejik yönetimini sağlamasını; yönetimin etkin bir şekilde denetimini ve şirkete ve hissedarlara karşı sorumlu olmasını talep etmektedir. Bu sorumlulukların yerine getirilmesinde yönetim kurulunun şirketin muhasebe ve finansal raporlama sistemlerinin, bağımsız denetim, uygun kontrol sistemleri, özellikle de risk yönetimi, mali ve operasyonel kontrol, yasalara uygunluk ve ilgili standartlara uyumu da içerecek şekilde, bütünlüğünü sağlaması gerekmektedir.

9. İlkeler, bağlı şirketlerin yönetim kurullarının yetkilerine ilişkin kanunlardan kaynaklanan yükümlülükleri olsa da, şirket gruplarını kapsamaktadır. Mümkün olduğu takdirde, uyum ve kontrol sistemleri de bağlı şirketleri kapsamalıdır. Ayrıca, yönetim kurulunun yönetimi izlemesi, grup içerisinde yönetimin hesap verebilirliğini sağlamak için iç yapıların sürekli gözden geçirilmesini de içermektedir.

10. Kamu mülkiyetindeki çok uluslu şirketler özel mülkiyete ait şirketlerle aynı tavsiyelere tabidir; ancak kamunun son mülkiyet sahibi olduğu durumlarda sıklıkla kamu denetlemesi daha kapsamlı şekilde yapılmaktadır. Bu tür şirketler için özel tasarlanmış faydalı bir rehber olan *OECD Kamu İktisadi Teşebbüsleri için Kurumsal Yönetim Rehberi'nin* sunduğu tavsiyeler yönetimi önemli bir şekilde güçlenmesine katkı sağlayacaktır.

11. Yasal ve kurumsal düzenleyici çerçevenin güçlendirilmesi devletlerin temel sorumluluğunda olmasına rağmen, şirketlerin iyi kurumsal yönetim ilkelerini uygulamaları için güçlü bir iş gerekçesi bulunmaktadır.

12. Sivil toplumun eylem ağı ve öz düzenleme araçları kapsamında iş dünyası ile toplum arasındaki ilişkilerin çeşitli yönleri giderek daha fazla ele alınmaktadır. Bu konuda mali sektörde ilginç gelişmeler yaşanmaktadır. Şirketler kendi faaliyetlerinin çoğunlukla sosyal ve çevresel etkiler yarattığının farkındadır. Bu amaçlara ulaşma ve böylece sürdürülebilir kalkınmaya katkı sağlama konusunda hassas olan şirketlerin iç düzenleme uygulamaları, yönetim sistemleri kurmaları ve çok paydaşlı girişimlere katılımları bunun göstergesidir. Dâhili düzenleme uygulamaları ve çok paydaşlı girişimler, güvenilir ve şeffaf olmalıdır. Bu tür

girişimlerin sorumlu iş yönetimine ilişkin teknik değerlendirme çalışmalarına ve *Rehber* gibi ilgili uluslararası standartlarla uyum sağlamaya odaklanması, söz konusu girişimlere katılan şirketler için çalışmaların karmaşıklığını ve maliyetini azaltırken daha fazla etkinlik sağlayabilir. Buna karşılık, bu tür uygulamaların geliştirilmesi, şirketler ve faaliyet gösterdikleri toplumlar arasındaki yapıcı ilişkileri daha da güçlendirebilir. Şirketler; endüstri düzeyinde veya çok paydaşlı düzeyde işbirliği yapabilmelerine rağmen, şirketlerin teknik değerlendirme çalışmalarını etkili bir şekilde yürütme sorumlulukları devam eder.

13. İyi niyetle yapılan ihbarlar söz konusu olduğunda, şirketlere ihbarda bulunan kişileri korumaya yönelik önlemler almaları da önerilmektedir. Bu kapsamda kanuna aykırı uygulamalarla ilgili olarak kamu makamlarına bildirimde bulunan çalışanlar; istihdamlarıyla ilgili olumsuz etkilerden ya da düzeltici eylemin zamanında gerçekleştirilmemesi ihtimaliyle ilgili makul risklerden korunmalıdır. İç düzenleme uygulamalarından yola çıkarak şirketlerin çalışanlarının şirket politikalarına yönelik farkındalığını artırmaları beklenmektedir. Kanuna aykırı uygulamaları ilgili kamu mercilerine bildiren çalışanların korunması da dahil olmak üzere iyi niyetle yapılan ihbar faaliyetlerini korumak üzere önlemler alınması önerilmektedir. Bu tür koruma tedbirleri, VII. Bölüm'de tartışılan yolsuzlukla mücadele ile ilgili dâhili denetimler, etik ilkeler, uyum programları ve çevresel girişimler açısından özel bir öneme sahip olmakla birlikte, *Rehberdeki* diğer tavsiyeler açısından da önem taşır.

14. Şirketler, kendi faaliyetlerinin veya iş ilişkisi içinde oldukları şirketlerin faaliyetlerinin olumsuz etkilerine ilişkin kaygıların güvenli bir şekilde ifade edilebileceği bir ortam yaratmak için gereken adımları atmalıdır. Misillemeleri önlemek ve onlardan kaçınmak için adımlar atılması hem sivil alanın korunması hem de bu tür kaygıları araştıran, ifade eden veya bildiren gruplara ve bireylere zarar gelmesini önlemek açısından önem taşır. Olası misillemeler; eleştiride bulunan kişileri susturmayı, sansürlemeyi, korkutmayı ya da onlara zarar vermeyi amaçlayan misilleme niteliğindeki eylemleri ya da ayrımcı eylemleri içerir. Tehditler, karalamalar, iftiralar, taciz, sindirme, gözetim, halkın katılımına karşı stratejik davalar, yasal faaliyetleri suç sayma girişimleri, fiziksel saldırılar ve cinayetler de bu kapsamdadır.

15. Rehberin amaçları bakımından, teknik değerlendirme işletmelerin karar verme ve risk yönetim sistemlerinin entegre bir parçası olarak mevcut ve potansiyel etkileri nasıl belirledikleri, azalttıkları ve nasıl yönettiklerine ilişkin süreç olarak anlaşılmaktadır Sorumlu İş Yönetimi için OECD Uyum Rehberi ve OECD'nin sektörlere yönelik diğer uyum rehberleri, şirketlerin *Rehberde* bu konuda yapılan tavsiyeleri anlamalarına ve uygulamalarına yardımcı olur. Bunun yanı sıra, sorumlu iş yönetimi için riske dayalı teknik değerlendirme çalışmaları konusunda, hükümetler ve paydaşlar arasında ortak bir kavrayış geliştirilmesi teşvik edilmektedir. Bu amaç doğrultusunda, Sorumlu İş Yönetimi için OECD Uyum Rehberi'nde, devletlerin aktif olarak desteklemeyi ve izlemeyi taahhüt ettiği uyum çerçevesi de sunulmaktadır. Söz konusu çerçevede aşağıda belirtilen önlemler özetlenmektedir: 1. sorumlu iş yönetiminin politikalara ve yönetim sistemlerine entegre edilmesi; 2. şirketin faaliyetleri, ürünleri veya hizmetleri ile ilgili fiili ve potansiyel olumsuz etkilerin belirlenmesi ve değerlendirilmesi; 3. olumsuz etkilerin önlenmesi, durdurulması ve hafifletilmesi; 4. uygulamaların ve sonuçların izlenmesi; 5. etkilerin nasıl ele alındığının iletilmesi ve 6. gerekli olduğunda iyileştirmeler sağlanması veya bu konuda işbirliği yapılması. Rehberde söz konusu önlemlerin uygulanması için uygulamaya dönük eylemler de önerilmektedir. Bununla birlikte, uygulamaya dönük her eylem, her durum için uygun olmayabilir.

16. Teknik değerlendirme çalışmaları, daha geniş kapsamlı kurumsal risk yönetim sistemlerine dâhil edilebilir. Bununla birlikte, bu sistemler, şirketin sadece kendisi için önemli riskleri tanımlamanın ve yönetmenin ötesine geçerek *Rehberde* ele alınan konularla ilgili olumsuz etki risklerini de kapsamalıdır. Potansiyel etkiler önleme veya hafifletme tedbirleri vasıtasıyla ele alınırken, fiili etkiler, iyileştirme yoluyla ele alınacaktır. *Rehberin*, A.12 ve A.13. fıkralarında açıklandığı üzere, olumsuz etkiler hem şirketin doğrudan neden olduğu etkileri hem de dolaylı olarak yol açtığı etkileri ya da bir iş ilişkisi vasıtasıyla doğrudan faaliyetleri, ürünleri veya hizmetleri ile bağlantılı olan olumsuz etkileri içerir. Teknik değerlendirme çalışmaları; şirketlerin bu tür olumsuz etkilerden kaçınmasına yardımcı olabilir. Bu tavsiyenin amaçları doğrultusunda, olumsuz bir etkiye 'dolaylı bir şekilde yol açmak', başka bir şirketin olumsuz bir etki yaratmasına neden olan, bunu kolaylaştıran veya teşvik eden bir faaliyette bulunmak anlamında kullanılmaktadır. Burada söz konusu

olan etkiler; ciddi ve önemli etkilerdir; dolayısıyla küçük veya önemsiz dolaylı etkileri içermez. Bir şirketin olumsuz bir etki ile ilişkisi, durağan değildir. Örneğin, bu etki, durumlar geliştikçe değişkenlik gösterebilir. Diğer bir deyişle, belirlenen riskleri ve etkileri ele almak için atılan adımların ve teknik değerlendirme çalışmalarının, riskleri ne ölçüde önlediğine bağlı olarak zamanla değişebilir.

17. 'İş ilişkisi' terimi; iş ortaklarına, alt yüklenicilere, bayilere, yatırım yapılan şirketlere, müşterilere, girişim ortaklarına ve tedarik zincirindeki kuruluşlara ya da şirketin faaliyetleri, ürünleri veya hizmetleri ile doğrudan bağlantılı diğer özel kuruluşlara veya kamu kuruluşlarına işaret eder. Tedarik zincirindeki şirketler; şirketin kendi faaliyetlerine, ürünlerine veya hizmetlerine katkıda bulunan ürünleri ya da hizmetleri temin eden şirketleri veya şirketten ürün ya da hizmet alan, bunları lisanslayan veya kullanan şirketleri kapsar. Bir şirketle, ticari faaliyetle veya hükümet faaliyetiyle ilgisiz amaçlarla hareket eden gerçek kişilerle kurulan ilişkiler, diğer bir deyişle bireysel tüketicilerle ilişkiler; bir şirket bunların neden olduğu olumsuz etkilere dolaylı olarak yol açabilse de, *Rehber* kapsamında genellikle 'iş ilişkisi' olarak kabul edilmez. İş ilişkileri; sözleşmeye dayalı, 'ilk basamak' ilişkilerin veya yakın ilişkilerin ötesindeki ilişkileri içerir. Bir şirketin iş ilişkisine sahip olduğu kuruluşlar, katılımcı ülkelerin toprakları üzerinde veya bu topraklar üzerinden faaliyet gösterebilir veya göstermeyebilir. Bir şirketin A.11 fıkrasında açıklandığı şekilde fiili ve potansiyel olumsuz etkileri belirleme, önleme ve azaltma kapasitesi; farklı iş ilişkileri türlerine ve ayrıca Açıklama bölümünün 24. paragrafında sunulan diğer faktörlere bağlı olarak değişiklik gösterebilir.

18. A.11 fıkrasındaki tavsiye; bir şirketin faaliyetleri, ürünleri ve hizmetleri ile ilişkilendirilen olumsuz etkiler bağlamında *Rehberde* ele alınan konular için uygulanır. Söz konusu tavsiye, Rekabet ve Vergilendirme bölümleri için geçerli değildir. *Rehber* boyunca teknik değerlendirme ile ilgili olarak verilen tavsiyeler, A. 11 - 13 fıkraları ve ilgili açıklama bölümü doğrultusunda okunmalıdır.

19. Teknik değerlendirmenin niteliği ve kapsamı, örneğin belli bir durumda atılacak adımların saptanmasında olduğu gibi, işletmenin büyüklüğü, faaliyetlerinin içeriği, Rehberdeki özel tavsiyeler ve olumsuz etkilerin ciddiliği gibi faktörlerden etkilenecektir. Bu bağlamda, bir şirketin teknik değerlendirme bağlamında aldığı önlemler risk tespitine dayanmalı, olumsuz etkinin ciddiyeti ve ihtimali ile orantılı ve bağlama uygun olmalıdır. Belirlenen tüm etkilerin bir kerede ele alınmasının mümkün olmadığı durumlarda, şirket, olumsuz etkinin ciddiyetine ve gerçekleşme ihtimaline göre atılacak adımların öncelik sırasını belirlemelidir.

20. *Rehberde*, çoğu şirketin, iş ilişkisine sahip olduğu tüm kuruşları tek tek değerlendirmesinin veya hepsinin katılımını sağlamasının mümkün olmayabileceği kabul edilmektedir. Şirketlerin çok sayıda tedarikçiye ve diğer iş ilişkilerine sahip olduğu durumlarda, şirketler; olumsuz etki riskinin en ciddi olduğu genel alanları belirlemeye teşvik edilmektedirler. Söz konusu risk değerlendirmesi temelinde, Açıklama bölümünün 19. fıkrasında belirtilen önlemler doğrultusunda, teknik değerlendirmeyi yürütmek için belirlenen alanlara öncelik tanınmalıdır. Bir şirketin ürün veya hizmetleriyle ilgili olarak gerçekleştirilecek riske dayalı teknik değerlendirme çalışmaları kapsamında, ürünün veya hizmetin kullanım amacına uygun olarak kullanılması ya da uygunsuz kullanımı veya yanlış kullanımı ile ilgili olarak olumsuz etkilere yol açabileceği bilinen veya makul olarak öngörülebilecek koşullar dikkate alınmalıdır. Belirli konularla ilgili teknik değerlendirme çalışmaları için özel tavsiyeler, ilgili bölümlerde sunulmaktadır.

21. Bir şirketin doğrudan olumsuz bir etkiye neden olduğu veya neden olabileceği durumlarda, şirket; bu etkiyi önlemek veya durdurmak için gereken adımları atmalıdır.

22. Eğer işletme, olumsuz bir etkiye katkıda bulunur yahut bulunmaya yönelik bir risk tespit ederse, bu katkıyı durdurmak ya da önlemek için gerekli önlemleri almalı ve mümkün olduğu derecede kalan etkilerin etkisini azaltmak için nüfuzunu kullanmalıdır. Bu nüfuzun, işletmenin, zarar doğuran kuruluşun yanlış uygulamaları üzerinde değişiklik yapma imkanının olduğu durumlarda mevcut olduğu kabul edilir.

23. *Rehbere* göre sorumluluk, olumsuz etkiye neden olan şirketten, o şirketin iş ilişkisi içinde olduğu şirkete aktarılmamalıdır. Bu bağlamda, bir şirketin, iş ilişkisi vasıtasıyla olumsuz bir etkiyle doğrudan ilişkili olduğu, ancak buna doğrudan neden olmadığı veya katkıda bulunmadığı durumlarda, şirket; durumun

iyileştirilmesinden sorumlu değildir, ancak durumun iyileştirilmesinde bir rol oynayabilir. Bununla birlikte tek başına veya diğer şirketlerle işbirliği içinde, olumsuz etkiye neden olan şirket üzerinde, etkiyi önlemesi, hafifletmesi ya da gidermesi için baskı gücünü kullanma sorumluluğuna sahiptir. Bir şirketin yeterli baskı gücüne sahip olmadığı durumlarda, şirket, diğer şirket üzerinde nüfuzunu arttırmak için yollar düşünmelidir. Şirketler, iş ilişkilerine sahip olduğu şirketleri etkilemek için nüfuzunu çeşitli şekillerde kullanabilir veya arttırabilirler. Örneğin destek, eğitim ve kapasite geliştirme çalışmaları vasıtasıyla onları etkileyebilirler, etkileri önlemeye ve/veya azaltmaya teşvik edebilirler. Sorumlu iş yönetimine ilişkin beklentiler oluşturabilirler, özellikle de bu beklentileri ticari sözleşmelerin (yönetim sözleşmeleri, potansiyel tedarikçiler için ön şartlar, lisans ve bayilik anlaşmaları gibi) bir parçası hâline getirebilirler. Bunların yanı sıra, sorumlu iş yönetimi performansını arttırmak için ticari teşvikler sunabilirler; sorumlu iş yönetimi ile ilgili konularda faaliyet gösteren- düzenleyiciler ve politika yapıcılar ile ilişkiler kurabilirler; sorumlu iş yönetimi konusundaki beklentilere riayet edilmediği takdirde iş ilişkisine son vereceklerini iş ilişkisinde oldukları kuruluşlara bildirebilirler, etki havuzu oluşturmak ve sorumlu iş yönetimi konusunda ortak standartlar uygulamak için diğer şirketlerle (sektör, risk veya ülke düzeyinde) işbirliği yapabilirler. Olumsuz etkilerin ciddiyeti, ortaya çıkma ihtimali ve ilgili tedarikçinin şirket için ne kadar önemli olduğu; tespit edilen risklere uygun yanıtı belirlerken göz önünde bulundurulabilecek diğer faktörlerdir.

24. Rehber, işletmelerin tedarikçilerin davranışlarında değişiklik yaratma kabiliyetinin üzerinde uygulamada bazı kısıtlar olduğunu dikkate almaktadır. Bu kısıtlamalar, ürün özellikleri, tedarikçi sayıları, diğer iş ilişkileri, tedarik zincirinin yapısı ve karmaşıklığı veya bir iş ilişkisinin niteliği veya söz konusu olumsuz etkinin nitelikleri ile ilgili olabilmektedir. Örneğin, bazı durumlarda bir hizmet sunulduğunda veya bir ürün satıldığında ya da yeniden satıldığında, şirketlerin etkileri izleme veya etkilerini kullanma ya da nüfuz oluşturma kapasiteleri azalabilmektedir. Bu gibi durumlarda, fiili ve potansiyel etkileri belirlemek ve önleyici veya hafifletici önlemler almak için özellikle de satış öncesinde ve satış noktasında çaba gösterilmesi gerekebilmektedir.

25. Ticari ilişkiye uygun müdahaleler kapsamında, risk azaltma çabaları boyunca ilişkinin sürdürülmesi gerekebilir; risk azaltma hedefi doğrultusunda çalışırken ilişkinin geçici olarak askıya alınması söz konusu olabilir veya son çare olarak, riski hafifletme girişimlerinde başarısız olduktan sonra ya da şirketin riski hafifletmenin imkânsız olduğunu düşündüğü durumlarda veya olumsuz etkinin ciddiyeti nedeniyle, iş ilişkisine son verilebilir. Şirketlerin iş ilişkisini sürdürerek zaman içinde fiili bir iyileşme sağlamalarının ya da gerçekçi bir şekilde iyileşme adımları atmalarının mümkün olduğu durumlarda, iş ilişkisini sürdürme yaklaşımı, çoğu zaman iş ilişkisini sonlandırmaya tercih edilir. Şirket, iş ilişkisine son verme kararı alırken ilgili potansiyel sosyal, çevresel ve ekonomik olumsuz etkileri de dikkate almalıdır. İş ilişkisine son vermeye karar veren şirketler, ayrılmalarıyla ilgili olumsuz etkileri önlemek veya azaltmak için makul ve uygun önlemleri alarak, zamanında ve mümkün olduğunda ilgili paydaşlarla anlamlı istişarelerde bulunarak bunu sorumlu bir şekilde yapmalıdır.

26. Şirketler ayrıca diğer paydaşlarla işbirliği içinde, tedarikçilerinin ve iş ilişkisi kurdukları diğer kuruluşlarını performansın arttırmak için çalışabilirler. Bu kapsamda personel eğitimi ve kapasite geliştirme çalışmaları gibi faaliyetler vasıtasıyla, *Rehberde* ele alınan sorumlu iş yönetimi ilkelerinin ticari uygulamalara entegrasyonunu destekleyebilirler. Bu açıdan özellikle de iş ilişkisinde bulundukları küçük ve orta ölçekli şirketleri desteklemeleri önem taşır. Bir şirketin iş ilişkisine sahip olduğu kuruluşların, farklı alıcılar veya hizmet sağlayıcılar tarafından birbiriyle çelişen şartlara tabi tutulduğu durumlarda, şirketler rekabet karşıtı kaygıları göz önünde bulundurarak, bilgi paylaşımı da dâhil olmak üzere uyum politikalarını ve risk yönetimi stratejilerini koordine etmek için diğer şirketlerle endüstri çapında işbirliği çabalarına katılmaya teşvik edilmektedir.

27. Şirketler ayrıca, sorumlu iş yönetimine ilişkin toplumsal diyaloğa ve özel veya çok paydaşlı girişimlere (*Çok Uluslu Şirketler için Sorumlu İş Yönetimine İlişkin OECD Rehberine* ilişkin Konsey Kararı uyarınca başlatılan girişimler gibi girişimlere) katılmaya teşvik edilmektedir.

28. Anlamlı paydaş katılımı, teknik değerlendirmenin önemli bir bileşenidir. Bazı durumlarda, paydaş katılımı, kendi başına bir hak da olabilir. Bu; örneğin toplantılar, duruşmalar veya istişareler yoluyla ilgili paydaşlarla etkileşimli katılım süreçlerini içerir. İlgili paydaşlar; şirketin faaliyetleri, ürünleri veya hizmetleri ile ilgili olumsuz etkilerden etkilenen veya etkilenebilecek ve *Rehber* kapsamındaki konularla ilgili haklara veya menfaatlere sahip kişiler veya gruplar ya da bunların meşru temsilcileridir. Şirketler, en ciddi şekilde etkilenen veya potansiyel olarak etkilenebilecek paydaşların katılımına öncelik verebilir. Paydaşlar üzerindeki etki derecesi, katılım derecesine ilişkin karara da yön verebilir. Anlamlı paydaş katılımı; her iki taraftan katılımcılar tarafından iyi niyetle yürütülen ve paydaşların görüşlerini dikkate alan çift yönlü ve devam eden bir iletişime işaret eder. Paydaş katılımının anlamlı ve etkili olması için, katılımın, paydaşlar için zamanında, erişilebilir, uygun ve güvenli olmasını sağlayarak savunmasız durumdaki ya da dışlanmış paydaşların karşılaştığı potansiyel engelleri belirlemek ve ortadan kaldırmak gerekir. Sorumlu İş Yönetimi için OECD Uyum Rehberi ve OECD'nin sektörlere özgü rehberleri, bir şirketin uyum sürecinde paydaş katılımını sağlaması için uygulamaya dönük destek sağlamaktadır. Bu katılım; örneğin yerel toplulukları önemli ölçüde etkileyebilecek yoğun toprak veya su kullanımını içeren projeler veya diğer faaliyetlerle ilgili planlama ve karar verme süreçler açısından özel bir öneme sahiptir.

29. Sonuç olarak, *Rehber* de dahil olmak üzere, iç düzenleme ve diğer benzer girişimlerin, yasadışı bir şekilde rekabeti kısıtlamamasına ya da hükümetler tarafından yürürlükte olan kanun ve düzenlemelerin ikamesi olarak görülmemelerine dikkat edilmelidir. Çok uluslu şirketler, gelişme sürecinde davranışlarının ve iç düzenleme uygulamalarının potansiyel ticaret ya da yatırımları olumsuz yönde etkileyecek etkilerinden kaçınmalıdır.

III. Kamuoyunu Aydınlatma

1. Şirketler, faaliyet gösterdikleri ülkelerde ve sektörlerde kamuoyunu aydınlatmaya yönelik olarak yürürlükteki politikaları dikkate almalıdır. Bu kapsamda hissedarların ve diğer ilgili paydaşların görüşlerini ve bilgi gereksinimlerini de göz önünde bulundurmalıdır. Tüm maddi konularda güvenilir, açık, eksiksiz, doğru, karşılaştırılabilir ve yeterli ayrıntıya sahip bilgileri düzenli olarak ve zamanında kamuoyuyla paylaşmalıdır. Bu bilgiler; şirketin tamamını ve uygun olduğunda şirketin faaliyet gösterdiği iş kollarını veya coğrafi alanları kapsamalıdır. Şirketlerin kamuoyunu aydınlatma politikaları; maliyetler, ticari gizlilikle ilgili hususlar ve diğer rekabetçi kaygılar göz önünde bulundurularak şirketin niteliğine, büyüklüğüne ve konumuna göre şekillendirilmelidir.

2. Şirketlerin kamuoyunu aydınlatma politikaları, bunlarla sınırlı olmamak üzere, aşağıda belirtilen hususlarla ilgili önemli bilgileri içermelidir:

a) Şirketlerin mali ve faaliyet sonuçları,
b) Kurumsal hedefler ve sürdürülebilirlikle ilgili bilgiler;
c) Sermaye yapıları, grup yapıları ve bunlarla ilgili denetim düzenlemeleri;
d) İntifa hakkı sahipleri ve oy hakları da dâhil olmak üzere büyük hisselerin sahipliği;
e) Yönetim kurulu üyelerinin nitelikleri, seçilme prosedürleri, diğer şirketlerdeki yöneticilikleri ve yönetim kurulu tarafından bağımsız olarak kabul edilip edilmedikleri de dâhil olmak üzere yönetim kurulu üyelerine ve yönetim kurulunun bileşimine ilişkin bilgiler,
f) Yönetim kurulu üyelerine ve diğer önemli yöneticilere ilişkin ücret politikası;
g) İlişkili taraf işlemleri;
h) Öngörülebilir risk faktörleri;
i) Kurumsal yönetime ilişkin ulusal kanunlara veya politikalara uyumun kapsamı ve uygulandıkları süreç de dâhil olmak üzere yönetim yapıları ve politikaları,
j) Sözleşmelere uyumsuzluk riski de dâhil olmak üzere borç sözleşmeleri.

3. Şirketlerin, teknik değerlendirme sorumlulukları kapsamında sorumlu iş yönetimine ilişkin bilgileri iletmeleri de önem taşır. Bu bilgilerin bazıları 2. fıkra kapsamında da önemli olabilir. Sorumlu iş yönetimi bilgileri, aşağıdaki hususları içerebilir:

a) Şirketin *Rehberde* yer alan ilke ve standartlara ilişkin taahhütlerine ve teknik değerlendirme çalışmalarına işaret eden sorumlu iş yönetimine ilişkin politikaları da dâhil olmak üzere kamuya açıklanması planlanan değer beyanları veya iş yönetimi beyanları;
b) Şirketin benimsediği politikalar ve diğer davranış kuralları, bunların kabul edilme tarihleri, bu kararların uygulanacağı ülkeler ve kuruluşlar;
c) Sorumlu iş yönetimine ilişkin politikaları, şirketin yönetim ve denetim organlarına entegre etmek için alınan önlemler hakkında bilgiler;
d) Şirketin belirlenen önemli etki veya risk alanları; tespit edilen, öncelik verilen ve değerlendirilen olumsuz etkiler veya riskler ve öncelik kriterleri;
e) Mümkün olduğunda iyileştirmeler için tahmini uygulama takvimleri, ölçütler ve bunların sonuçları, şirketin herhangi bir iyileştirme sağlamasına veya iyileştirme için işbirliği yapmasına ilişkin hususlar

dâhil olmak üzere 3(a) paragrafındaki beyanlar ve 3(c) ve (d) paragraflarında tanımlanan riskleri veya etkileri önlemek veya azaltmak için alınan eylemler de dâhil paragraf (b)'deki kanunlar ile ilgili şirket performansı;

f) İç denetim, risk yönetimi ve yasal uygunluk sistemleri hakkındaki bilgiler;

g) Çalışanlar ve diğer menfaat sahipleri arasındaki ilişkiler hakkında bilgiler.

h) IV ve VI. Bölüm'de sorumlu iş yönetimi bilgilerine ilişkin açıklama önerileri doğrultusunda ek bilgiler.

4. Şirketler; bilgileri uluslararası kabul görmüş muhasebe ve açıklama standartlarına uygun olarak hazırlamalı ve açıklamalı, net olmayan veya yetersiz bilgileri yayımlamaktan kaçınmalıdır. Yönetim kuruluna ve hissedarlara mali tabloların her açıdan geçerli bir mali raporlama çerçevesine uygun olarak hazırlandığına dair makul bir güvence sağlamak için uluslararası denetim, etik ve tarafsizlik standartlarına uygun olarak bağımsız, yetkili ve nitelikli bir denetçi tarafından yıllık bazda denetim yapılmalıdır. Sorumlu iş yönetimine ilişkin bilgilerin güvenilirliğini arttırmak için şirketler, bu tür bilgiler için harici bir onay almak isteyebilirler.

III. Bölüm: Kamuoyunu Aydınlatmaya İlişkin Açıklamalar

30. Bu Bölümün amacı, çok uluslu şirketlerin faaliyetlerini şeffaflık ve hesap verebilirlik ilkelerine uygun bir şekilde yürütmesine yardımcı olmaktır. Şirketler hakkında tam ve anlaşılır bilgi, hissedarlar, potansiyel yatırımcılar ve mali çevreleri kapsayan çok çeşitli kullanıcının yanı sıra çalışanlar, yerel toplum, özel menfaat grupları, hükümetler ve genel olarak toplum için önemlidir. Şirketler; şirketlerin yapısı ve faaliyetleri, kurumsal politikaları ve çevresel, sosyal ve yönetişim konularındaki performansları hakkında halkın farkındalığını arttırmak için faaliyetleri konusunda şeffaf olmalı ve halkın giderek artan bilgi taleplerine cevap vermelidir.

31. Kamuoyunun aydınlatılmasına ilişkin ilk tavsiye kümesi; *G20/OECD Kurumsal Yönetim Prensipleri'nde* [OECD/LEGAL/0413] özetlenen kamuoyunu aydınlatma maddeleri ile aynıdır. Bu tavsiyelere ilişkin açıklamalar yol gösterici nitelikte olup *Rehber'de* sunulan tavsiyeler söz konusu açıklamalar ile ilişkilendirilerek yorumlanmalıdır. İlk tavsiye kümesi, temel olarak halka açık şirketlere ve şirketler ile ilgili tüm önemli konulara odaklanmaktadır. Önemli/Kayda değer bilgiler; ihmali veya yanlış beyanı bir yatırımcı tarafından bir şirketin değerinin belirlenmesini etkileyebilecek bilgiler olarak tanımlanabilir. Genellikle bir şirketin gelecekteki nakit akışlarının tutarı, zamanlaması ve kesinliği ile ilgili bilgiler bu kapsamda yer alır. Söz konusu bilgilerin, kamuoyuna eksik veya yanlış bir şekilde duyurulması durumunda, basiretli bir yatırımcının yatırım veya oylama kararını etkileyebilecek bilgiler de, önemli bilgi kapsamında tanımlanabilir. Şirketlerin niteliği, büyüklüğü ve konumu doğrultusunda, uygulanabilir görüldükleri ölçüde, kamuoyuyla bilgi paylaşımına yönelik bu tavsiyeler; halka açık olmayan şirketlerde (örneğin, özel sektör şirketlerinde veya devlet teşekküllerinde) kurumsal yönetimi geliştirmek açısından da faydalı olabilir. Burada sunulan bir dizi tavsiye; şirketin mali durumu, performansı, sürdürülebilirliği, sahipliği ve yönetimi de dâhil olmak üzere şirketle ilgili tüm önemli konularda yeterli ayrıntıya sahip, güvenilir, net, eksiksiz, doğru ve karşılaştırılabilir bilgilerin düzenli olarak ve zamanında paylaşılmasını gerektirir. Ücret politikaları ile şirketin uzun vadeli performansı, sürdürülebilirliği ve dayanıklılığı arasındaki bağlantılar da dâhil olmak üzere yönetim kurulu ve yönetici ücretleri hakkındaki bilgiler de hissedarlar açısından önem taşır. Şirketlerden ayrıca, yönetim kurulu üyelerine ve önemli yöneticilere yönelik ücret politikalarında yaptıkları önemli değişiklikleri, ödenen ücret seviyelerini veya tutarlarını da standartlaştırılmış ve karşılaştırılabilir bir temelde ve zamanında açıklamaları beklenir. Böylece; yatırımcılar ücretlendirme planlarının maliyetlerini ve faydalarını, hisse senedi opsiyon planları gibi teşvik programlarının performansa katkısını değerlendirebilirler.Şirket iştiraklerinin önemli işlemleri ve öngörülebilir risk faktörleri de açıklanması gereken ilave bilgilerdir.

32. *Rehber'de* sorumlu iş yönetimine ilişkin bilgilerin paylaşılmasını ele alan ikinci bir tavsiye kümesi daha bulunur. Şirketin insanlar, çevre ve toplum üzerindeki fiili veya potansiyel olumsuz etkileri ve ilgili teknik değerlendirme süreçleri hakkındaki bilgiler bu kapsamda yer alır. Söz konusu bilgiler; bir yatırımcının karar verme süreci açısından önem taşımanın yanı sıra işçiler, işçi temsilcileri, yerel topluluklar ve sivil toplum da dâhil olmak üzere daha geniş bir paydaş grubu için de öneme sahip olabilir. Kamuoyunun aydınlatılması

bağlamında, 3. fıkrada belirtildiği gibi, teknik değerlendirme süreçleri; önemli olabilecek bilgiler de dâhil olmak üzere şirketlerin sorumlu iş yönetimine ilişkin bilgilerini, tutarlı, güvenilir ve etkili bir şekilde tanımlamalarını ve iletmelerini sağlayabilir. Teknik değerlendirme süreci, şirketleri maddi riskleri ve etkileri belirlemesini kolaylaştırabilir. Hem 2. hem de 3. fıkralarda kapsamında kamuoyuyla paylaşılacak açıklamaların ve beyanların kalitesini, uygunluk ve karşılaştırılabilirlik derecesini arttırabilir. Bunun yanı sıra, teknik değerlendirme süreçleri; net bir şekilde tanımlanabilir veya ölçülebilir hedeflerin bulunmadığı durumlarda, kurumsal hedeflere ve taahhütlere ilişkin raporların güvenilirliğine de katkıda bulunabilir. Birçok yargı alanında, paydaş çıkarlarının dikkate alınması bir şarttır ya da buna olanak sağlanır. Çok sayıda şirket, genel olarak mali performanslarının ötesine geçen konularda da bilgi vermekte, böylece sorumlu iş uygulamaları ile ilgili taahhütlerini ve performanslarını ortaya koymaktadır. Bu ikinci türden açıklamalar (kamuoyuyla ve şirketin faaliyetlerinden veya iş ilişkilerinden doğrudan etkilenen diğer taraflarla iletişim kurulmasını sağlayan bilgiler) şirketin mali kayıtlarında yer alan kuruşların dışındaki şirketlerle de ilgili olabilir. Örneğin, alt yüklenicilerin, tedarikçilerin, girişim ortaklarının veya şirketin iş ilişkisi içinde olduğu diğer kişilerin faaliyetleri hakkındaki bilgileri de kapsayabilir.

33. Kamuoyuna yönelik açıklamalarla ilgili 2. paragraf ve 3. paragrafta ele alınan tavsiyeler birbiriyle ilişkilidir ve bazı bilgiler her ikisi için de geçerli olabilir. 2. Paragraf kapsamında hangi bilgilerin açıklanması gerektiğini belirlemek için, *Rehber'de* önem derecesi kavramı kullanılır. Sorumlu iş yönetimi ile ilgili konular ve teknik değerlendirme çalışmaları da dâhil olmak üzere 2. paragraf kapsamındaki bilgiler de önemli bilgiler olarak kabul edilebilir. Söz konusu bilgilerin önemli bilgiler olarak kabul edilebilmesi için bilgilerin eksik veya yanlış beyanının, bir yatırımcının bir şirketin gelecekteki nakit akışlarının değerine, zamanlamasına ve kesinliğine ilişkin değerlendirmesini ya da bir yatırımcının yatırım veya oylama kararını etkileyebilecek bilgiler olması gerekir. Hangi bilgilerin önemli bilgiler olduğuna ilişkin değerlendirme; zaman içinde yerel bağlama, şirkete özgü koşullara ve yargı alanındaki şartlara göre değişebilir. Finansal bilgilerden yararlanan insanlar ve piyasa katılımcıları; makul ölçüde öngörülebilir maddi riskler hakkında bilgiye ihtiyaç duyarlar, söz konusu risklerden bazıları aşağıda belirtilmektedir: sektöre veya şirketin faaliyet gösterdiği coğrafi alanlara özgü riskler; ürün ve tedarik zincirlerine bağımlılık; faiz oranı veya kur riski de dâhil olmak üzere finansal piyasa riskleri; türevler ve bilanço dışı işlemlerle ilgili riskler; faaliyet riskleri; dijital güvenlik riskleri; uyum riskleri; ve başta iklimle ilgili riskler gelmek üzere sürdürülebilirlik riskleri. Bazı yargı alanlarında, bir şirketin çalışanları ve belli başlı paydaşları açısından kritik önem taşıyan sürdürülebilirlik ile ilgili konular veya bir şirketin çeşitlendirilemeyen riskleri hakkında açıklama yapması da şart koşulabilir veya önerilebilir.

34. 3. Paragraf kapsamında kamuoyuyla paylaşılan bilgilerle ilgili olarak, finansal açıdan önemli görülmeyen ancak insanlarla ve gezegenle ilişkili riskler, bir noktada şirket için finansal olarak da önem taşıyabilecek riskleri ve etkileri içerebilir.

35. Bu Bölümde ve *Rehber* boyunca yer alan ve kamuoyunu aydınlatmaya yönelik tavsiyeler; şirketlere makul olmayan idari veya mali yükler yüklememelidir. Şirketlerin yatırımcı kararlarını tam olarak bilgilendirmek ve yatırımcıları yanıltmaktan kaçınmak için açıklama yapması gerekli olmadıkça, şirketlerden rekabet konumlarını tehlikeye atabilecek bilgileri açıklamaları beklenmemelidir.

36. Bilgiler, uluslararası alanda kabul görmüş muhasebe ve açıklama standartlarına uygun olarak hazırlanmalı ve açıklanmalıdır. Mali tabloların her açıdan geçerli bir mali raporlama çerçevesine uygun olarak hazırlandığına dair yönetim kuruluna ve hissedarlara makul bir güvence sağlamak da elzemdir. Bunun için bağımsız, yetkili ve nitelikli bir denetçi tarafından yıllık bazda denetim yapılmalıdır. Söz konuşu denetim; uluslararası alanda kabul görmüş denetim kurallarına, etik ilkelere ve bağımsızlık standartlarına uygun olmalıdır.

37. Birçok şirket; faaliyetlerinin şeffaflığını arttırmak, yasalara ve iş yönetim standartlarına uymak için tavsiyeleri uyarlamıştır. Giderek artan sayıda şirket; iklim değişikliği, biyoçeşitlilik de dahil olmak üzere çevre, insan hakları, çalışma standartları, tüketicilerin korunması veya vergilendirme gibi çeşitli alanlarda uluslararası standartlara veya etik ilkelere olan taahhütlerine işaret eden gönüllü kurumsal davranış kuralları yayımlamaktadır. Bu taahhütlere uyumu kolaylaştırmak amacıyla uzmanlaşmış yönetim sistemleri de

geliştirilmiştir veya hâlihazırda geliştirilmektedir. Bu sistemler; bilgi sistemlerinin yanı sıra uygulama yöntemlerini ve eğitimle ilgili şartları da içerir.

38. Şirketlerin düzenleyici makamlar veya kotasyon (*listing*) kurumları gibi diğer makamlar tarafından zorunlu kılınan, daha geniş kapsamlı standartlar doğrultusunda rapor vermeleri şart koşulabilir. Yargı alanındaki kanuni hükümler ve beyan şartları doğrultusunda, şirketler; ortaya çıkan küresel iyi uygulamaları benimsemeye ve gelişen açıklama standartlarına (örneğin iklim ve emisyonlar hakkında) uyum sağlamaya çalışmalıdır. Şirketler hükümet dışı kuruluşlar ve hükümetler arası organizasyonlarla, iletişim yöntemlerinin, faaliyetlerinin sürdürülebilir kalkınma çalışmalarını ne kadar etkilediği hususunda işbirliği yapmaktadır.

39. Şirketler; sorumlu iş yönetimine ilişkin bilgileri aktif bir şekilde iletmeye bu itibarla kolay erişilebilir, kullanıcı dostu, doğru, açık ve eksiksiz bilgileri zamanında sağlamaya, yayımlanan bilgilere az masrafla erişim sağlamaya ve bu doğrultuda bilgi teknolojilerinden yararlanma seçeneğini göz önünde bulundurmaya teşvik edilmektedir. İç pazardaki kullanıcılara sunulan bilgiler, erişilebilirlik hususu göz önünde bulundurularak, diğer tüm ilgili kullanıcılara da sunulmalıdır. Şirketler; bilgilerin farklı hedef kitlelere uygun bir şekilde sunulmasını sağlamaya çalışmalıdır. Örneğin, çevrimiçi veya basılı medya araçlarına erişimi olmayan topluluklara (örneğin, şirketin faaliyetlerinden doğrudan etkilenen ücra bölgelerdeki topluluklara veya yoksul halklara) bilgi sağlamak için özel adımlar atılabilir.

40. Sorumlu iş yönetimine ilişkin bilgilerin uluslararası alanda kabul görmüş güvence standartlarına uygun olarak bağımsız, yetkin ve nitelikli bir şirket tarafından gözden geçirilmesi; açıklanan bilgilere duyulan güveni arttırabilir, daha yüksek kalitede ve daha karşılaştırılabilir raporlamaya katkıda bulunabilir.

IV. İnsan Hakları

Devletler; insan haklarını korumakla yükümlüdür. Şirketlerin; uluslararası alanda kabul görmüş insan hakları ve faaliyet gösterdikleri ülkelerin uluslararası insan hakları yükümlülükleri doğrultusunda, ilgili yerel yasalar ve yönetmelikler çerçevesinde:

1. İnsan haklarına saygı göstermeleri, başka bir deyişle insan hakları ihlallerinden kaçınmaları ve insan hakları üzerinde olumsuz etkilerde bulunabilecek durumlara müdahale etmeleri,
2. Kendi faaliyetleri çerçevesinde insan haklarına olumsuz etkilerde bulunmaktan veya bunlara yol açmaktan kaçınmaları ve böyle durumlarla karşılaştıklarında müdahale etmeleri,
3. Kendileri doğrudan buna yol açmamış olsalar bile iş ilişkileri nedeniyle faaliyetleri, hizmet ve ürünleri ile doğrudan ilgili olan durumlarda, insan hakları üzerindeki olumsuz etkilerin önlenmesi ve hafifletilmesi için yollar aramaları,
4. İnsan haklarına saygı göstermek için kamuoyuna açık bir politika taahhüdünde bulunmaları,
5. Büyüklüklerine, faaliyetlerinin niteliğine, bağlamına ve insan hakları üzerinde olumsuz etki risklerinin ciddiyetine uygun olarak insan haklarına ilişkin değerlendirme yaparak teknik değerlendirme çalışmaları yürütmeleri,
6. İnsan hakları üzerinde olumsuz etkilere yol açabileceği tespit ettikleri durumlarda, bu etkileri gidermek amacıyla meşru yollardan işbirliği yapmaları gerekmektedir.

IV Bölüm: İnsan Hakları ile ilgili Açıklamalar

41. Bu bölümün girişinde, insan haklarına saygı bağlamında şirketlere yönelik özel tavsiyeleri içeren bir çerçeve oluşturulmaktadır. Bu çerçeve oluşturulurken Birleşmiş Milletler'in "İnsan Hakları ve Şirketler için Koruma, Saygı Duyma ve Telafi Etme Çerçevesi"nden yararlanılmıştır. Söz konusu çerçeve; uygulama açısından İş Dünyası ve İnsan Haklarına ilişkin Rehber İlkelerin yanı sıra Çokuluslu İşletmeler ve Sosyal Politikaya İlişkin İlkeler Üçlü Bildirgesi ile de uyumludur.

42. Giriş bölümü ve ilk paragraf Devletlerin insan haklarını koruma görevinin olduğunu ve şirketlerin büyüklüklerine, sektörlerine, mülkiyet, yapı ve iş ortamına bakılmaksızın, nerede bulunurlarsa bulunsunlar insan haklarına saygı göstermeleri gerektiğini kabul etmektedir. İnsan haklarına saygı, devletlerin insan haklarına ilişkin yükümlülüklerini yerine getirme yeterlilik ve/veya istekliliğinden bağımsız olarak şirketlerden beklenen dünya çapında bir davranış standardı olup; bu durum devletlerin bu yükümlülüklerini yerine getirmelerinin önemini azaltmamaktadır.

43. Bir Devletin, ilgili iç hukuk kurallarını yürürlüğe sokamaması, insan hakları ile ilgili uluslararası yükümlülüklerini yerine getirememesi ya da bu tür hukuk kuralları ve uluslararası yükümlülüklere aykırı davranması şirketlerden insan haklarına saygı göstermesi beklentisini azaltmaz. İç hukuk kuralları ile uluslararası alanda tanınmış insan hakları arasında çatışma olan ülkelerde şirketler Kavramlar ve Prensipler başlıklı bölümün 2. paragrafına da uygun olarak iç hukuk kurallarını ihlal etmeden mümkün olduğu ölçüde uluslararası alanda tanınmış insan haklarını mümkün olduğu ölçüde yerine getirmenin yollarını aramalıdır.

44. Şirketler, faaliyet gösterdiği spesifik alandan ya da ülkeden bağımsız olarak her koşulda referans olarak en az İnsan Hakları Evrensel Beyannamesi ve yasalaştırma sürecinde kullanılan belli başlı enstrümanlardan meydana gelen Uluslararası İnsan Hakları Yasası'nda yer alan uluslararası alanda kabul görmüş insan haklarını (Uluslararası Medeni ve Siyasi Haklar Sözleşmesi ve Uluslararası Ekonomik, Sosyal ve Kültürel Haklar Sözleşmesi, 1998 yılında Uluslararası Çalışma Örgütü'nün Çalışmaya İlişkin Temel Hak ve İlkeler Deklarasyonu ile ortaya konan temel haklara ilişkin prensipler) almalıdır.

45. Şirketler, uluslararası alanda kabul görmüş hemen hemen tüm insan hakları üzerinde etkili olabilirler. Uygulamada, belli sektör ve ortamlarda bazı insan hakları diğerlerine göre daha çok risk altında olduğundan, daha fazla ilgi odağındadırlar. Ancak şartların değişebileceği de göz önüne alınarak bütün haklar periyodik olarak gözden geçirilmelidir. Duruma göre, şirketler ek bazı standartları dikkate kalmak gereğini duyabilirler. Örneğin, şirketler insan haklarını olumsuz etkileyebilecek durumlarda özel önem gerektiren bazı spesifik gruplara mensup bireylerin insan haklarına saygı duymalıdır. Şirketler; dışlanma, savunmasızlık veya diğer koşullar nedeniyle bireysel olarak yüksek risk altında olabilecek insanlar, yerli halklar da dâhil olmak üzere belirli grupların üyeleri, insan hakları savunucuları gibi bireyler üzerindeki belirli olumsuz etkilere özel bir önem vermelidir. Madencilik Sektöründe Anlamlı Paydaş Katılımına İlişkin Uyum Rehberi ve OECD-FAO'nun Sorumlu Tarımsal Tedarik Zincirleri Rehberi de dâhil olmak üzere OECD Uyum Rehberleri; Ücretsiz, Ön ve Bilgilendirilmiş Rıza (FPIC) gibi konularda uygulamaya dönük daha fazla rehberlik sağlar. Birleşmiş Milletler'in belgelerinde yerli halkların hakları (BM Yerli Halkların Hakları Bildirgesi); ulusal, etnik, dini ve dilsel azınlıklara mensup kişiler; kadınlar; çocuklar; engelli kişiler; göçmen işçiler ve aileleri hakkında ayrıntılı bilgi verilmiştir. Bunun yanı sıra, şirketler; silahlı çatışma durumlarında da uluslararası insani hukuk standartlarına saygı göstermelidir. Silahlı çatışma veya ağır ihlal risklerinin arttığı bağlamlarda şirketler, uluslararası insani hukuk ihlalleri de dâhil olmak üzere olumsuz etkilerle ilgili olarak daha fazla teknik değerlendirme çalışması yapmalıdır.

46. 1. paragrafta insan hakları üzerindeki fiili ve potansiyel olumsuz etkilerin ele alınması ifadesi, bu etkilerle ilgili gereken tedbirlerin alınması gerektiğine işaret eder. Bu bağlamda söz konusu etkilerin tanımlanması, tespit edilmesi, mümkün olduğunda önlenmesi, potansiyel etkilerin azaltılması, fiili etkilerin giderilmesi ve bunların nasıl ele alındığına ilişkin açıklamalar yapılması gerekir. 'İhlal' terimi, bir şirketin, bireylerin insan hakları üzerindeki olumsuz etkilerini ifade eder.

47. 2. paragraf şirketlerin kendi faaliyetleriyle insan haklarına olumsuz etkilerde bulunmaya yol açmaktan kaçınmalarını ve böyle olumsuz etkiler ortaya çıktığında bunlara müdahale etmelerini tavsiye etmektedir. Faaliyetler hem eylemleri hem de ihmalleri içerebilir. Bir şirket, insan haklarına olumsuz etkilerde bulunduğu ya da bunlara yol açtığı takdirde bu etkileri durdurmak, önlemek ya da mümkün olduğu ölçüde hafifletmek üzere gerekli adımları atacak ve baskı gücünü kullanacaktır. Baskı gücü, şirketin bir kuruluşun insan haklarına olumsuz etkilerde bulunan uygulamalarında gerekli değişimi yaratabilecek yeteneğinin olmasını ifade etmektedir.

48. 3. paragraf, bir şirketin insan haklarına olumsuz etkilerde bulunmadığı ancak yine de böyle bir etkinin şirketin başka bir kuruluşla olan iş ilişkisi nedeniyle doğrudan faaliyet, ürün ya da hizmetleriyle ilişkili olduğu daha karmaşık durumları içermektedir. Paragrafın amacı, sorumluluğu insan haklarına olumsuz etkilerde bulunan kuruluştan iş ilişkisi içinde bulunduğu şirkete aktarmak değildir. 3.paragrafta yer alan beklentinin karşılanması bir şirketin yalnız ya da diğer kuruluşlarla işbirliği içinde mümkün olduğu ölçüde baskı gücünü insan hakları üzerinde olumsuz etkilere yol açan kuruluşları bu etkileri önlemesi ya da hafifletmesi yönünde etkilemek üzere kullanmasını gerektirir. "İş ilişkileri" doğrudan iş faaliyetleri, ürün ve hizmetleriyle ilgili iş ortakları, tedarik zincirindeki kuruluşlar ve diğer devlet ya da devlet-dışı kuruluşlarla ilişkileri kapsamaktadır. Böyle durumlarda uygun eylemin belirlenmesine ilişkin arasında yer alan faktörler arasında ilgili kuruluş üzerindeki baskı gücü, ilişkinin şirket için önemi, etkinin şiddeti ve kuruluşla ilişkiyi sona erdirmenin insan hakları üzerinde olumsuz etkilere yol açıp açmayacağı yer almaktadır.

49. 4. paragraf, şirketlerin insan haklarına saygı duyduklarını i)şirketin en üst düzeyi tarafından onaylanmış ii) ilgili iç ve/veya dış uzmanlık bilgilerinden yararlanılmış iii) personel, iş ortakları ve diğer

tarafların doğrudan faaliyet, hizmet ve ürünleriyle ilgili insan haklarına ilişkin beklentilerini belirten iv) kamuya açık ve personele, iş ortaklarına ve diğer ilgili taraflara bildirilmiş v) faaliyetlerle ilgili süreçlerde ve politikalarda yansıtılmış bir politika beyanı ile taahhüt etmelerini tavsiye eder.

50. 5. Paragraf, şirketlerin insan hakları ile ilgili teknik değerlendirme yapmalarını tavsiye eder. Bu süreç insan haklarına mevcut ve potansiyel etkilerin değerlendirilmesini, bulgular sonucu hareket edilmesini, verilen cevapların araştırılarak bu etkilere nasıl müdahale edildiğinin bildirilmesini gerektirir. İnsan Haklarına ilişkin teknik değerlendirme, hak sahiplerinin risklerini içerecek şekilde sadece maddi risklerin tespit edilerek yönetilmesinin ötesine geçildiği takdirde şirketin daha kapsamlı risk yönetim sistemleri içine alınabilir. Bu devamlılık arz eden bir süreç olup, şirketin faaliyetleri ve faaliyet gösterdiği ortamlar geliştikçe insan haklarına ilişkin risklerin zaman içinde değişebileceğini kabul eder. Teknik Değerlendirme konusunda tamamlayıcı rehberlik, tedarik zincirlerinde ortaya çıkan risklere uygun karşılıkları da içerecek şekilde genel politikalar ve yorumlarının yer aldığı bölüm altında A.11 ve A.13 paragraflarında yer verilmiştir. Buna ek olarak, Sorumlu İş Yönetimine İlişkin OECD Teknik Değerlendirme Rehberi vasıtasıyla, belirli sektörler ve risk konularının yanı sıra sektörler arası düzeyde daha fazla rehberlik geliştirilmiştir. İnsan haklarına ilişkin teknik değerlendirmeler yapılırken, savunmasız ya da dışlanmış gruplarla ilgili riskler ve bireysel özelliklerle ilgili riskler de dâhil olmak üzere farklı ve kesişen risklerin dikkate alınması gerekebilir. Bu bağlamda, anlamlı paydaş katılımı bu tür gruplar için sürdürülebilir kalkınma sonuçlarının faydalarını azami düzeye çıkaran yolların tespit edilmesine katkıda bulunabileceği için büyük bir öneme sahiptir.

51. Şirketler, insan hakları üzerinde doğrudan ya da dolaylı olarak olumsuz bir etkiye neden olduklarını tespit ettiklerinde (teknik değerlendirme ya da diğer araçlar vasıtasıyla), şirketlere, meşru süreçler vasıtasıyla bu etkileri telafi etmeleri veya bunun için işbirliği yapmaları tavsiye edilmektedir. Şirketler, bu etkilerle ilgili iyileştirme sağlamaya yönelik telafi süreçleri oluşturmalı veya bu tür süreçlere katılmalıdır. Bazı durumlarda adli makamlarla veya diğer kamu makamlarıyla işbirliği yapılması da gerekebilir. Diğer durumlarda, şirket faaliyetlerinden etkilenebilecek kişilere telafi olanakları sağlamak için şikâyet mekanizmaları uygulama düzeyinde etkin bir araç olarak kullanılabilir. Bunun için söz konusu şikâyet mekanizmalarının aşağıdaki temel kriterleri karşılaması gerekir: yasallık, erişilebilirlik, öngörülebilirlik, eşitlikçilik, Rehber'e uygunluk, şeffaflık, haklara uygunluk, sürekli öğrenme kaynağı olmak. Bunun yanı sıra ortak çözümlere varmak amacıyla, söz konusu mekanizmaların diyaloğa ve katılıma dayalı olmaları da gerekir. Bu tür mekanizmalar, tek başına veya diğer paydaşlarla işbirliği içinde şirket tarafından yönetilebilir ve sürekli bir öğrenme kaynağı sağlayabilirler. Bununla birlikte, çalışma hayatına ilişkin anlaşmazlıklarda sendikaların oynadığı rolün önemini azaltmak için kullanılmamalıdırlar. Bunun yanı sıra, söz konusu mekanizmaların mevcudiyeti; *Rehber* ile oluşturulması öngörülen Ulusal Temas Noktaları da dâhil olmak üzere adli makamlara ya da adli olmayan şikâyet mekanizmalarına başvuru yapılmasını engellememelidir.

V. İstihdam ve Sanayi İlişkileri

Şirketler; yürürlükteki kanunlar, yönetmelikler, mevcut istihdam uygulamaları, iş ilişkileri ve uluslararası çalışma standartları çerçevesinde, yasadışı istihdam uygulamalarından ve sanayi ilişkilerinden kaçınmalıdır. II. ve IV. Bölümde açıklanan teknik değerlendirme çalışmaları ilkeleri doğrultusunda:

1.

a) Çalışanların kendi seçecekleri sendikaları veya temsilci örgütlerini kurma veya bunlara katılma hakkına saygı göstermelidir. Bu kapsamda, işçilerin kendi seçtikleri bir sendika veya temsilci örgütü kurma veya bunlara katılma seçimine müdahale etmekten de kaçınmalıdır.

b) Çalışanların kendi seçecekleri sendikalar ve temsilciler tarafından toplu iş sözleşmelerinde temsil edilme ve bireysel kuruluşlar ya da işveren örgütleri aracılığıyla istihdam şartları hakkında yapıcı pazarlıklarda bulunma haklarına saygı göstermelidir.

c) Çocuk işçiliğinin etkin bir şekilde ortadan kaldırılmasına katkıda bulunmalı ve çocuk işçiliğinin en kötü biçimlerine ivedilikle son vermek için acil ve etkili önlemler almalıdır.

d) Zorla veya zorunlu çalıştırmanın her çeşidinin ortadan kaldırılmasına katkıda bulunmalı ve zorla veya zorunlu çalıştırmaya ivedi olarak son verilmesi için acil ve etkili önlemler almalıdır.

e) Tüm faaliyetleri kapsamında, istihdamda fırsat ve muamele eşitliği ilkesini benimsemelidir. İşin doğası nedeniyle mecburi olan koşullar haricinde ya da istihdamda fırsat eşitliğini arttırmayı amaçlayan devlet politikalarını destekleyen istisnai uygulamalar haricinde; çalışanları istihdam ederken ırk, renk, cinsiyet, yaş, din, politik görüş, etnik köken ya da toplumsal aidiyet, engel durumu ya da diğer durumlar temelinde ayrımcılık yapmamalıdır.

f) ILO Çalışma Yaşamında Temel İlkeler ve Haklar Bildirgesi doğrultusunda, güvenli ve sağlıklı bir çalışma ortamı sağlamalıdır.

2.

a) Etkili toplu sözleşmelerin geliştirilmesine yardımcı olmak için gerekli durumlarda işçi temsilcilerine bu konuda kolaylıklar sağlamalıdır.

b) İstihdam koşullarıyla ilgili anlamlı müzakereler için gereken bilgileri işçi temsilcilerine zamanında temin etmelidir.

c) Çalışanlara ve temsilcilerine birimin ve gerekli olduğu takdirde, tüm şirketin performansı hakkında doğru ve adil bir fikir verecek bilgileri sunmalıdır.

3. Ortak sorunlar üzerinde meşru süreçler vasıtasıyla işveren, işçi ve işçi temsilcileri arasındaki istişareleri ve işbirliğini desteklemelidir.

4.

a) Tüm faaliyetlerinde istihdam standartlarına, sözleşmeye dayalı düzenlemelere ve sanayi ilişkileri standartlarına riayet etmelidir.

b) Çok Uluslu şirketler; diğer ülkelerde faaliyet gösterdiğinde, sundukları ücretler, ek yardımlar ve çalışma koşulları, en az ev sahibi ülkede karşılaştırılabilir işverenler tarafından sunulan koşullar kadar elverişli olmalıdır. Karşılaştırılabilir işverenlerin bulunmadığı durumlarda, şirketler; hükümet politikaları ve geçerli uluslararası standartlar çerçevesinde mümkün olan en iyi ücretleri, ek faydaları ve çalışma koşullarını sağlamalıdır. Sunulan olanaklar; şirketin ekonomik durumu ile ilişkili olmalı, ancak en azından işçilerin ve ailelerinin temel ihtiyaçlarını karşılamaya yetecek düzeyde olmalıdır.

c) Şirketler; iş yerinde güvenlik ve sağlık konularında en yüksek standartları sağlamalı ve muhafaza etmelidir.

5. Şirket faaliyetleri için, mümkün olan en geniş ölçüde, yerel işçileri istihdam etmeli. İşçi temsilcileriyle ve uygun olduğunda ilgili hükümet yetkilileriyle işbirliği içinde, çalışanların beceri seviyelerini iyileştirmek amacıyla, onlara eğitim vermelidir.

6. İstihdamı önemli şekilde etkileyecek değişiklikler söz konusu olduğunda, bilhassa iş yerinin kapanması hâlinde ve toplu olarak işten çıkarma veya işe ara verdirme gibi durumlarda, çalışanların temsilcilerine ve gerektiği takdirde ilgili hükümet yetkililerine makul bir süre önceden değişiklik hakkında bilgi vermelidir. Muhtemel olumsuz etkilerin mümkün olduğu ölçüde hafifletilebilmesi için, çalışanların temsilcileri ve ilgili hükümet yetkilileri ile işbirliği yapmalıdır. Her durumun özel koşulları çerçevesinde, şirket yönetimi tarafından nihai kararın alınmasından önce, bu konuda bir duyuru yapılması daha uygun olacaktır. Bu tip kararların etkilerini hafifletmek için anlamlı bir işbirliği sağlayacak diğer araçlar da kullanılabilir.

7. İşçi temsilcileri ile istihdam şartları hakkında iyi niyetli müzakereler yapılırken veya çalışanlar örgütlenme haklarını kullanırlarken, şirketin tamamının veya bir kısmının ilgili ülkeden başka bir ülkeye taşınması bir tehdit unsuru olarak kullanılmamalıdır. Bu pazarlıkları adil olmayan bir şekilde etkilemek veya işçilerin örgütlenme haklarını engellemek için şirketin diğer ülkelerdeki şirketlerinden işçi transfer edilmemelidir.

8. İşçi temsilcileri; toplu sözleşmeler veya çalışan-yönetim ilişkileri konularında müzakere etmek üzere yetkili kılınmalıdır. Tarafların, karar almaya yetkili yönetim temsilcileri ile ortak sorunlar üzerinde istişarelerde bulunmalarına olanak sağlanmalıdır.

Bölüm V: İstihdam ve Sanayi İlişkileri ile ilgili Açıklamalar

52. Bu bölümün girişinde, yürürlükteki kanunlara ve düzenlemelere atıfta bulunulmaktadır. Diğer bir deyişle, çok uluslu şirketlerin bir ülkede faaliyet gösterirken istihdam ve sanayi ilişkileri konularında ulusal ve uluslararası düzenlemelere tabi tutulabilecekleri vurgulanmaktadır. "Geçerli işçi işveren ilişkileri" ve "istihdam uygulamaları" terimleri, çalışanlar için ulusal hukuk ve düzenlemelerde sağlanan farklı pazarlık seçenekleri gibi değişik ulusal şartlar karşısında çok geniş bir yoruma izin verecek kadar esnektir.

53. Uluslararası Çalışma Örgütü (ILO); uluslararası çalışma standartlarını belirler ve bu konuda çalışmalar yapan yetkili kurumdur. Çalışma Yaşamında Temel Haklar ve İlkeler Bildirgesi'nde kabul edilen temel hakların uygulanmasını teşvik eder. *Rehber*, bağlayıcı olmayan bir belge olarak, çok uluslu şirketlerde söz konusu standartların ve ilkelerin geliştirilmesinde önemli bir rol oynamaktadır. Rehberin ilgili bölümü, Çokuluslu İşletmeler ve Sosyal Politikaya İlişkin İlkeler Üçlü Bildirgesi (ILO'nun Çok Uluslu Şirketler Bildirgesi) kapsamındaki ilgili şartları yansıtır. OECD *Rehberi* şirket uygulamalarının tüm yönlerini içerirken, ILO'nun Çok Uluslu Şirketler Bildirgesi; istihdam, eğitim, çalışma şartları ve sanayi ilişkileri alanlarındaki ilkeleri belirlemektedir. Birbirleri ile çelişmeden paralellik taşıması amaçlanan OECD Rehberi ile ILO Çok Uluslu Şirketler Bildirgesi, şirketlerden beklenen davranış şekillerine işaret etmektedir. Dolayısıyla ILO Çok Uluslu Şirketler Bildirgesi, daha detaylı olduğundan, *Rehberin* daha iyi anlaşılması için kullanılabilir. Bununla birlikte, ILO Çok Uluslu Şirketler Bildirgesi ile *Rehber* doğrultusunda uygulanacak takip prosedürleri ilgili sorumluluklar, kurumsal olarak birbirinden ayrıdır.

54. V. Bölüm'de kullanılan terminoloji, ILO Çok Uluslu Şirketler Bildirgesi'nde kullanılan terminoloji ile uyumludur. Bir istihdam ilişkisinin mevcut bulunmadığı durumlarda, şirketlerden, yine de Genel Politikalara ilişkin II. Bölüm'ün A.11 ila A.14 paragraflarındaki risk temelli teknik değerlendirme çalışmaları ve tedarik zincirine ilişkin tavsiyelere uygun bir şekilde hareket etmeleri beklenmektedir. Bu husus, özellikle de kayıt dışılığın, kısa süreli çalışma düzenlemelerinin, insana yakışır iş eksikliklerinin ve dijital dönüşümün daha yaygın olabileceği sektörler için önemlidir.

55. Bu tavsiyeler; fiili sivil ilişkilere ve ticari ilişkilere müdahale etmez, bunun yerine bir iş ilişkisindeki bireylerin *Rehber* bağlamında kendileri için öngörülen korumaya sahip olmalarını sağlamaya çalışır.

56. Bu bölümün 1. paragrafı; ILO'nun Çalışma Yaşamında Temel İlkeler ve Haklar Bildirgesi'nde yer alan tüm temel ilkeleri ve hakları yansıtacak şekilde tasarlanmıştır. Söz konusu temel haklar aşağıda belirtilmektedir: örgütlenme özgürlüğü ve toplu sözleşme hakkı, çocuk işçiliğinin etkin bir şekilde ortadan kaldırılması, zorla veya zorunlu çalışmanın her türüyle mücadele edilmesi, istihdam ve meslek uygulamalarında ayrımcılık yapılmaması, güvenli ve sağlıklı bir çalışma ortamının desteklenmesi. Bu ilke ve haklar, ILO Sözleşmelerinde temel olarak kabul edilen belirli haklar ve yükümlülükler şeklinde geliştirilmiştir.

57. 1c) paragrafında, ILO'nun İş Yaşamında Temel İlkeler ve Haklar Bildirgesi doğrultusunda, çok uluslu şirketlere çocuk işçiliğinin etkin bir şekilde ortadan kaldırma çalışmalarına katkıda bulunmaları tavsiye edilmektedir. Çocuk işçiliği konusunda uzun süredir yürürlükte bulunan ILO belgeleri; asgari çalışma yaşına ilişkin 138 No'lu Sözleşme ve 146 sayılı Tavsiye Kararı (her ikisi de 1973 'te kabul edilmiştir) ve çocuk işçiliğinin en kötü biçimlerine ilişkin 182 No'lu ILO Sözleşmesi ve 190 sayılı Tavsiye Kararıdır. Çok uluslu şirketler; işçi yönetimi uygulamaları, kaliteli, iyi ücretli, insana yakışır işler yaratmaları ve ekonomik büyümeye katkıları sayesinde genel olarak yoksulluğun ve özellikle de çocuk işçiliğinin temel nedenlerinin ortadan kaldırılmasında olumlu bir rol oynayabilirler. Çocuk işçiliği sorununa kalıcı bir çözüm bulunmasına katkıda bulunmak için çok uluslu şirketlerin rolünü kabul etmek ve teşvik etmek gerekir. Bu bağlamda, ev sahibi ülkelerde yaşayan çocukların eğitim standartlarının yükseltilmesi özel bir önem taşır.

58. 1d) paragrafında, şirketlerin, zorla ve zorunlu çalıştırmanın tüm biçimlerinin ortadan kaldırılmasına katkıda bulunmaları tavsiye edilmektedir. Bu; ILO'nun Çalışma Yaşamında Temel İlkeler ve Haklar Bildirgesi'ne dayanan diğer bir ilkedir. Zorla ve zorunlu çalıştırma yasağı, Medeni ve Siyasi Haklara ilişkin Uluslararası Sözleşme'de (ICCPR) insan haklarından biri olarak kabul edilmektedir. Söz konusu temel çalışma hakkı; 1930 tarihli 29 No'lu ILO Sözleşmesi'ne, Sözleşme'nin 2014 tarihli Protokolüne ve 1957 tarihli 105 No'lu Sözleşmeye dayanmaktadır. 29 No'lu Sözleşme'de, hükümetlere, her türlü zorla ve zorunlu çalıştırmaya mümkün olan en kısa süre içinde son vermeleri için çağrıda bulunulmuştur. 105 No'lu Sözleşme'de ise hükümetlerden, belirtilen bazı amaçlar (siyasi zorlama ya da işçi disiplini sağlanması gibi) için "her türlü zorla ve zorunlu çalışma ile mücadele etmeleri" ve bunları "derhâl ve tamamen ortadan kaldırmak için gereken etkili adımları atmaları" talep edilmektedir. Aynı zamanda, ILO'nun, tartışmalı bir konu olan mahkumların çalıştırılması ve özellikle de mahkumların özel şahıslara, şirketlere ve birliklere kiralanması (bunların emrine verilmesi) konusunda yetkili kurum olduğu kabul edilmektedir. Şirketler; zorla çalıştırma da dâhil olmak üzere insan ticaretini önlemek için gerekli adımları atmalı ve borç esareti de dâhil olmak üzere zorla çalıştırma yollarını ele almalıdır. Şirketler; ILO'nun Zorla Çalıştırma Göstergelerinde yer alan göstergelere yanıt vermeli ve faaliyetleri, ürünleri ve hizmetleri ile ilgili zorla çalıştırma risklerini ele almak için atılan adımlar konusunda daha fazla şeffaflık sağlamalıdır.

59. 1e) paragrafında istihdam ve meslek ile ilgili ayrımcılık yasağına yapılan atıf; işe alım, göreve atama, işten çıkarma, ücret ve yan haklar, terfi, transfer veya yer değiştirme, fesih, eğitim ve emeklilik gibi hüküm ve koşullar için geçerlidir. Ayrımcılık yasağı ile ilgili gerekçelerin listesi aşağıda belirtilen belgelerden alınmıştır: ILO'nun 111 No'lu Ayrımcılık (İstihdam ve Meslek) Sözleşmesi, 100 No'lu ILO Sözleşmesi, 183 No'lu Anneliğin Korunması Sözleşmesi, 159 No'lu İstihdam (Engelliler) Sözleşmesi, Eski İşçilere ilişkin 162 Sayılı Tavsiyesi Kararı, İş Yerinde HIV ve AIDS hakkında 200 Sayılı Tavsiye Kararı. Bu gerekçeler temelinde herhangi bir ayrım, hariç tutma veya tercih; ilgili Sözleşmeleri, Tavsiye Kararlarını ve Kanunları ihlal etmektedir. Rehberin amaçları doğrultusunda, "diğer statü" terimi; sendikal faaliyet, yaş, engellilik, cinsiyet, hamilelik, medeni durum, cinsel yönelim veya HIV durumu gibi kişisel özellikleri ifade eder. 1e) paragrafındaki hükümler doğrultusunda, şirketlerden eşit fırsatları teşvik etmeleri beklenmektedir. Bu kapsamda seçim, ücret, eğitim ve terfi konularında eşit kriterlere ve bu kriterlerin eşit bir şekilde uygulanmasına özel bir önem verilmelidir. Şirketler; herkes için eşit fırsatları teşvik ederek evlilik, hamilelik veya aile sorumlulukları gerekçesiyle ayrımcılığı veya işten çıkarmaları önlemelidir. Bu bağlamda, ILO'nun Şiddet ve Tacize İlişkin 190 No'lu Sözleşmesi de önem taşır.

60. 1f) paragrafında, tüm şirketlerin, çalışma ortamının doğasında bulunan tehlikelerin nedenlerini makul ölçüde uygulanabilir olduğu ölçüde en aza indirerek, çalışma sırasında ortaya çıkan, bağlantılı veya meydana gelen kazaları ve sağlık yaralanmalarını önlemek de dâhil olmak üzere güvenli ve sağlıklı bir çalışma ortamı sağlamaları önerilmektedir.

61. Bu bölümün 2c) paragrafında, şirketler tarafından işçilere ve işçi temsilcilerine sağlanan bilgilerin "performansa ilişkin doğru ve adil bir görüşü" yansıtması beklenmektedir. Bu bilgiler aşağıda belirtilen konularla ilgili olmalıdır: şirketin yapısı, şirketin ekonomik ve finansal durumu ile gelecekten beklentileri, çevre sağlığı ve güvenliği ile ilgili olumsuz etkiler, istihdam eğilimleri, ticari bilgilerinin gizliliği ile ilgili meşru gereklilikler dikkate alınarak faaliyetlerde beklenen önemli değişiklikler. Ticari bilgilerin gizliliği ile ilgili gereklilikler, belirli hususlara ilişkin bilgilerin verilemeyeceği veya güvenlik önlemleri olmadan sağlanamayacağı anlamına gelebilir.

62. Bölümün üçüncü paragrafında işçilerin katılımıyla ilgili istişare formlarına atıf, Yüklenicilik Düzeyinde İşçi-İşveren Arasında Danışma ve Birlikte Hareket Etme ile ilgili ILO'nun 94 No'lu Tavsiyesi'nden alınmıştır. Aynı zamanda, ILO'nun Çok Uluslu Şirketler Deklarasyonunda bulunan şartlarla da uyumludur. Söz konusu istişare düzenlemeleri, çalışanların çalışma şartlarıyla ilgili pazarlık hakkının yerine geçecek şekilde düşünülmemelidir. Çalışmayla ilgili istişare düzenlemelerine ilişkin bir tavsiyeye, 8. Paragrafta da yer verilmektedir.

63. 4. paragrafta sözü edilen istihdam ve sanayi ilişkiler standartları, ücretler ve çalışma süresi ile ilgili düzenlemeleri de içermektedir. İş sağlığı ve güvenliğine yapılan atıf, çok uluslu şirketlerde, istihdamdan kaynaklanan ya da istihdamla bağlantılı olarak meydana gelen kaza ve yaralanma riskini en aza indirmek için şirketlerden yürürlükteki düzenleyici standartları ve sanayi normlarını takip etmelerinin beklendiğine işaret eder. Şirketler, faaliyet gösterdikleri ülkelerdeki mevcut düzenlemelerin resmi olarak gerektirmediği durumlarda dahi, tüm faaliyetlerinde iş sağlığı ve güvenliği ile ilgili performans düzeyini yükseltmek için çalışmaya teşvik edilmektedir. Aynı zamanda, sağlık veya güvenlik açısından yakın ve ciddi bir riske ilişkin makul bir gerekçeleri olduğunda, işçilerin kendilerini bir iş durumundan uzaklaştırma olanaklarına saygı gösterilmesi de gerekir. İlgili tavsiyelerle olan tamamlayıcılıkları ve önemleri nedeniyle, başta Tüketici Çıkarları ve Çevre ile ilgili bölümleri gelmek üzere, *Rehberin* diğer yerlerinde de Sağlık ve emniyet ilgili kaygılara yer verilmektedir. ILO'nun Mesleki Hastalıklar Listesine ilişkin 194 No'lu Tavsiye Kararı'nda meslek hastalıklarının bir listesi sunulmakta ve *Rehberin* bu tavsiyesini uygulamak için şirketler tarafından dikkate alınabilecek uygulama kuralları ve rehberlik sağlanmaktadır. İş Güvenliği ve Sağlığına ilişkin 155 No'lu ILO Sözleşmesi ve İş Güvenliği ve Sağlığı Yönetim Sistemleri Kılavuzu'nun (ILO - OSH) IV. Bölümünde (Teşebbüsler düzeyinde eylem) şirketler için iş sağlığı ve güvenliği konusunda daha fazla rehberlik mevcuttur.

64. Bölümün 5. paragrafındaki tavsiye, çok uluslu şirketleri, bölgesel işgücünün idari personel de dâhil olmak üzere personel içindeki oranını arttırmaya ve personele eğitim sağlamaya teşvik etmektedir. Becerileri geliştirmeye ve yeni beceriler kazandırmaya yönelik eğitimler planlanırken işverenin gelecekteki ihtiyaçları faaliyetlerindeki değişiklikler öngörülerek dikkate alınmalıdır. Söz konusu eğitimler kapsamında; toplumsal, çevresel teknolojik değişiklikler, otomasyon, dijitalleşme, geçiş ve sürdürülebilir kalkınma ile ilgili riskler ve fırsatlar da göz önünde bulundurulmalıdır. Eğitim ve beceri düzeyleri hakkındaki bu paragraf, insan sermayesi oluşumunun teşvik edilmesine ilişkin Genel Politikalar bölümünün A.4 paragrafını tamamlamaktadır. Yerel çalışanlara yapılan atıf, Genel Politikalar bölümünün A.3 paragrafında yerel kapasitenin güçlendirilmesiyle ilgili ifadeleri de tamamlayıcı niteliktedir. ILO'nun İnsan Kaynaklarının Geliştirilmesine ilişkin 195 No'lu Tavsiye Kararı'na uygun olarak, şirketler; kadınlar ve gençler, düşük vasıflı bireyler, engelliler, göçmenler, yaşlı işçiler ve yerli halklar gibi savunmasız gruplara eşit eğitim fırsatları sağlamaya, eğitim ve yaşam boyu öğrenmeye mümkün olan en geniş ölçüde yatırım yapmaya teşvik edilmektedir.

65. Şirketler, insana yakışır işlerin yaratılmasında ve desteklenmesinde önemli bir role sahiptir. 6. paragrafta verilen tavsiye doğrultusunda, çalışanların yaşamlarında önemli etkiler bırakacak faaliyet değişiklikleri söz konusu olduğunda, şirketlerin işçi temsilcilerine ve ilgili hükümet organlarına önceden bilgi vermeleri önerilmektedir. Özellikle de bir birimin kapatılması nedeniyle ya da otomasyona geçiş sürecinde

toplu ya da büyük çaplı işten çıkarmaların söz konusu olduğu durumlarda bildirim yapılması önem taşır. Bu hükmün amacı, söz konusu değişikliklerin etkilerini azaltmak için işbirliği yapma fırsatı sağlamaktır. Bu, sanayi ilişkileri ile ilgili kanunlarına ve Tarafların uygulamalarına geniş çapta yansıyan önemli bir ilkedir. Bununla birlikte, katılımcı ülkelerde anlamlı bir işbirliği fırsatı sağlamak için uygulanan yaklaşımlar farklılık gösterir. Paragrafta ayrıca, belirli koşullarda, yönetimin nihai karardan önce bu tür bir bildirimde bulunmasının uygun olacağı belirtilmektedir. Nitekim, katılımcı ülkelerin bazılarında sanayi ilişkilerine ilişkin yasalar ve uygulamalar kapsamında nihai karardan önce bildirim yapılmasına ilişkin hükümler düzenlenmektedir. Bununla birlikte, nihai karardan önce yapılan bildirim; bu tür kararların etkilerini hafifletmeye yönelik anlamlı bir işbirliği fırsatı sağlamanın tek yolu değildir. Bazı katılımcı ülkelerin kanun ve uygulamalarında, farklı yollar da sunulmaktadır. Örneğin kararların uygulanmasından önce istişarelerin yapılması için belirli süreler tanımlanmaktadır.

VI. Çevre

Şirketler, sürdürülebilir ekonomilerin ilerlemesinde önemli bir rol oynar. Acil iklim değişikliği tehdidi de dâhil olmak üzere küresel, bölgesel ve yerel çevresel zorluklara etkili ve ilerici bir şekilde yanıt verilmesine katkıda bulunabilirler. Faaliyet gösterdikleri ülkelerdeki yasalar, düzenlemeler ve idari uygulamalar çerçevesinde, ilgili uluslararası anlaşmaları, ilkeleri, hedefleri ve standartları da göz önünde bulundurarak, faaliyetlerini çevreyi koruma ihtiyacını dikkate alarak yürütmelidir. Bununla birlikte işçiler, topluluklar ve genel olarak toplum üzerinde olumsuz çevresel etkiler yaratmaktan kaçınmalı, bu tür etkileri ele almalı ve sürdürülebilir kalkınma hedeflerine de katkıda bulunmalıdır. Şirketler çevre üzerinde bir dizi olumsuz etkinin oluşmasında rol oynayabilmektedir. Bu etkilerden bazıları aşağıda belirtilmektedir:

a) İklim değişikliği
b) biyoçeşitlilik kaybı
c) kara, deniz ve tatlı su ekosistemlerinin bozulması;
d) ormansızlaşma
e) hava, su ve toprak kirliliği;
f) tehlikeli maddeler de dâhil olmak üzere atıkların yanlış yönetimi.

Bu bölüme ilişkin açıklamalarda çevresel etkiler arasındaki önemli farklılıklar özetlenmiştir. Bu kapsamda iklim değişikliği ve bir şirketin bu tür etkilerle ilişkisinin ilgili çerçeveler bağlamında nasıl ele alınması gerektiği üzerinde de durulmaktadır.

Şirketler, bu doğrultuda özellikle de aşağıdaki adımları atmalıdır:

1. Çevre üzerindeki olumsuz etkileri ele almak için II. Bölüm'de açıklandığı gibi riske dayalı teknik değerlendirme çalışmaları yürütmenin yanı sıra, şirketin faaliyetleri, ürünleri ve hizmetleri ile ilişkili etkileri de ele almak için şirkete uygun bir çevre yönetimi sistemi oluşturmalı ve bu sistemi muhafaza etmelidir. Bu kapsamda aşağıdaki çalışmaları da yürütmelidir:
   a) Bir şirketin faaliyetlerinin, ürünlerinin veya hizmetlerinin çevre üzerindeki olumsuz etkiler belirlenmeli ve değerlendirilmelidir. Bu etkilere ilişkin yeterli bilgilerin zamanında toplanması ve değerlendirilmesi sağlanmalıdır. Faaliyetlerin önemli olumsuz etkilere sahip olabileceği durumlar da dâhil olmak üzere, çevre üzerinde etkiye ilişkin uygun bir değerlendirme hazırlanmalıdır.
   b) Faaliyetleri, ürünleri ve hizmetleri ile ilgili olumsuz çevresel etkileri ele almak ve çevresel performansı iyileştirmek için ölçülebilir hedefler, amaçlar ve stratejiler oluşturulmalı ve uygulanmalıdır. Hedefler; bilimsel bulgulara ve iyi uygulamalara dayalı olmalı, ilgili ulusal politikalar ve uluslararası taahhütler, hedefler ile tutarlı olmalıdır
   c) Stratejilerin etkinliğini düzenli olarak doğrulanmalıdır. Çevresel amaçlara ve hedeflere yönelik ilerlemeyi izlenmelidir. Amaçların, hedeflerin ve stratejilerin uygunluğu sürekli ve düzenli olarak gözden geçirilmelidir.
   d) Halka, işçilere ve diğer ilgili paydaşlara, mevcut en iyi bilgiler temelinde faaliyetler, ürünler ve hizmetler ile ilgili çevresel etkiler hakkında yeterli, ölçülebilir, doğrulanabilir (uygun olduğu durumlarda) ve zamanında bilgi verilmelidir. 1.b paragrafında açıklandığı gibi amaçlar ve hedefler doğrultusunda ilerleme sağlanmalıdır.

e) Şirketin doğrudan ya da dolaylı olarak yol açtığı olumsuz çevresel etkiler telafi edilmeli veya bunun için işbirliği yapılmalıdır. Dolaylı etkileri gidermek için bunları neden olan diğer şirketler üzerinde baskı gücü kullanılmalıdır.

2. Şirketler; şirketin faaliyetleri, ürünleri veya hizmetleri ile ilgili olumsuz çevresel etkilerden etkilenen ilgili paydaşlarla anlamlı bir ilişki kurmalıdır.
3. Çevreye yönelik ciddi veya geri dönüşü olmayan zarar riskleri mevcut olduğunda, şirketler, bilimsel ve teknik anlayışa uygun bir şekilde riskleri ele almalıdır. Bu kapsamda insan sağlığı ve güvenliği ile ilgili hususları da göz önünde bulundurmalıdır. Tam bilimsel kesinliğin bulunmayışı veya mevcut yolların eksikliği; bu tür zararları önlemeye veya en aza indirmeye yönelik uygun maliyetli önlemleri uygulamaktan kaçınmak için bir gerekçe olarak kullanılmamalıdır.
4. Şirketler; çevre ve sağlık üzerinde faaliyetlerinden kaynaklanan ciddi hasarları (kazalar ve acil durumlar da dâhil olmak üzere önlemek, azaltmak ve kontrol etmek için acil durum planları yapmalı ve yetkili makamlara derhal bildirimde bulunmaya yönelik mekanizmaları muhafaza etmelidir.
5. Şirketler; şirket düzeyinde ve uygun olduğunda iş ilişkisine sahip oldukları diğer şirketlerde çevresel performansı sürekli olarak iyileştirmek için çalışmalıdır. Bu kapsamda şirketlerin atabileceği adımlardan bazıları aşağıda belirtilmektedir:
   a) Şirketler; çevresel performansı iyileştirmek için mümkün olan en iyi teknolojilerin kullanıldığı teknolojileri benimsemelidir.
   b) Uygunsuz çevresel etkileri olmayan; kullanım amacı doğrultusunda güvenli, dayanıklı, onarılabilir, yeniden kullanılabilir, geri dönüştürülebilir veya güvenli bir şekilde bertaraf edilebilir; doğal kaynakları sürdürülebilir bir şekilde kullanan ve çevreye duyarlı bir şekilde üretilen ürünler veya hizmetler geliştirmeli ve sağlamalıdır. Enerji ve malzeme girdisini mümkün olduğunca azaltmanın yanı sıra kirliliği, sera gazı emisyonlarını ve atık oluşumunu (özellikle de tehlikeli atıkları) asgari düzeye indirmelidir.
   c) Çevresel etkiler (örneğin, sera gazı emisyonları, biyoçeşitlilik üzerindeki etkiler, kaynak verimliliği, onarılabilirlik, geri dönüştürülebilirlik veya çevreyle ilgili diğer konular) hakkında anlamlı ve doğru bilgiler sağlamalıdır. Şirketin ürün ve hizmetlerini kullanmanın çevresel etkileri konusunda müşterilerin farkındalık düzeyini arttırmaya çalışmalıdır.
6. Şirketler; çevre, sağlık ve güvenlik ile ilgili konularda çalışan personele yeterli eğitim ve mesleki eğitim olanakları sunmalıdır. Bu eğitimler; çevre kazalarının önlenmesinin yanı sıra çevresel etki değerlendirme prosedürleri, halkla ilişkiler ve çevre teknolojileri gibi çevre yönetimiyle ilgili daha genel alanları kapsamalıdır. Eğitimler kapsamında tehlikeli maddeler, tehlikeli olmayan maddeler ve atık yönetimi konuları da ele alınmalıdır. Şirketler; uygun ve uygulanabilir olduğunda tedarikçilerine ve iş ilişkisinde olduğu diğer şirketlere, özellikle de küçük ve orta ölçekli şirketlere çevre yönetimi konusunda kapasite geliştirme desteği de dâhil olmak üzere destek sağlamalıdır.
7. Şirketler; örneğin, çevre bilincini arttırmaya yönelik ortaklıklar veya girişimler vasıtasıyla çevresel açıdan sorumlu ve ekonomik açıdan etkin kamu politikalarının geliştirilmesine katkıda bulunabilirler.

VI. Bölüm: Çevre ile ilgili Açıklamalar

66. Çevreyle ilgili hedeflere ulaşılması için toplumun tamamını içine alan bir yaklaşımın uygulanması gerekir. *Rehber*, şirketlerin çevre üzerinde olumsuz etkiler yaratmaktan nasıl kaçınacaklarına ve bunları nasıl ele alacaklarına dair beklentileri ortaya koyarak aşağıda belirtilen hedeflere ulaşılmasına katkıda bulunmaktadır: iklim değişikliğinin etkilerinin azaltılması ve uyum hedeflerine ulaşılması; biyolojik çeşitliliğin korunması, restorasyonu ve sürdürülebilir kullanımı; arazinin, kaynakların ve enerjinin sürdürülebilir, verimli ve yasal kullanımı; döngüsel ekonomi yaklaşımlarının teşvik edilmesi de dâhil olmak üzere sürdürülebilir tüketim ve üretim; kirliliğin önlenmesi, azaltılması ve kontrolü. Uluslararası taahhütler, çok taraflı anlaşmalar ve diğer düzenleyici çerçeveler; çevresel sorunların ve beklentilerin anlaşılmasını kolaylaştırır. Bazı

uluslararası anlaşmalar; hükümetler için kolektif hedefleri içerse de şirketlerin bu hedeflerle ilgili sorumluluklarına ilişkin ayrıntılı açıklamalar sunmayabilir. Bu gibi durumlarda ilgili düzenleyici çerçeveler, ulusal politikalar, geniş çapta kabul edilen çevre yönetimi ve koruma standartları ile bilimsel kanıtlar önemli referanslardır. Çevre Bölümü; Rio Çevre ve Kalkınma Deklarasyonu'nda, Gündem 21'de (Rio Deklarasyonu içinde) ve Birleşmiş Milletler 2030 Sürdürülebilir Kalkınma Gündemi'nde yer alan ilke ve hedefleri geniş ölçüde yansıtmaktadır. Bunların yanı sıra, BM İklim Değişikliği Çerçeve Sözleşmesi (UNFCCC), Paris Anlaşması, Biyolojik Çeşitlilik Sözleşmesi, Kunming-Montreal Küresel Biyoçeşitlilik Çerçevesi, çevresel konularda bilgiye erişim, halkın katılımı ve adalete ilişkin ilgili bölgesel sözleşmeler, BM Çölleşme ile Mücadele Sözleşmesi ve ilgili bölgesel çevre anlaşmaları ile tutarlıdır. ISO Çevre Yönetim Sistemleri Standardı, Uluslararası Finans Kurumu'nun Çevresel ve Sosyal Performans Standartları ve Uluslararası Kimyasal Maddelerin Yönetimine ilişkin Stratejik Yaklaşım (SAICM) gibi belgelerde yer alan standartları yansıtmaktadır.

67. *Rehber* bağlamında, "çevre yönetimi" ifadesi; en geniş anlamıyla yorumlanmalı, çevresel etkileri ve riskleri anlamaya yönelik faaliyetleri somutlaştırmalıdır. Çevre yönetimi kapsamında bir şirketin faaliyetleri, ürünleri ve hizmetleri ile ilgili çevresel etkiler önlenmeli, ortaya çıkan etkiler ele alınmalı, şirketin kümülatif etkilerdeki payı göz önünde bulundurulmalı, şirketin çevresel performansını iyileştirmek için sürekli çalışılmalıdır. Bunun yanı sıra, olumsuz çevresel etkilerle ilgili olarak risk temelli teknik değerlendirme çalışmalarının da yapılması gerekir. II. Bölüm doğrultusunda, çevreye ilişkin teknik değerlendirme çalışmalarının niteliği ve kapsamı, belirli bir şirketin koşullarına bağlı olacaktır. Çevresel teknik değerlendirme çalışmalarına ilişkin sınırlamalardan biri, çevreyle ilgili verilerin veya teknolojilerin bulunmaması olabilir. Teknik değerlendirme çalışmaları, önceliklerin riskler dayalı olarak belirlenmesini de içerecektir. Bunun yanı sıra şirketin faaliyetleri, ürünleri veya hizmetleri ile ilgili çevresel etkilerin makul olarak öngörülebilirliğine de bağlı olacaktır. Çevre yönetimi; sürdürülebilir kalkınmanın önemli bir parçasıdır. Bu bağlamda sürdürülebilir kalkınmaya ilişkin ulusal amaçlarda ve hedeflerde belirtilen öncelikler de dâhil olmak üzere çok çeşitli önceliklerin uzlaştırılması gerekebilir. Çevre yönetimi hem bir iş sorumluluğu hem de bir iş fırsatıdır. Çok uluslu şirketlerin her iki alanda da oynayacakları bir rol vardır. Dolayısıyla, şirket yöneticileri; iş stratejileri dâhilinde çevreyle ilgili konuları uygun bir şekilde göz önünde bulundurmalıdır. Çevresel performansın iyileştirilmesi için sistematik bir yaklaşım gerekir. Bunun yanı sıra sistemin sürekli olarak iyileştirilmesi de önem taşır. Bir çevre yönetim sistemi, çevreyle ilgili hususları iş faaliyetlerine entegre etmek için gerekli dâhili çerçeveyi sağlar. Böyle bir sistem; şirketin, çevreyi şirket faaliyetlerinin olumsuz etkilerinden korumak için aktif olarak çalıştığını ortaya koyarak hissedarlara, işçilere, topluluklara ve diğer ilgili paydaşlara bu konuda güvence sağlayabilir.

68. Bu bölümün giriş kısmında, ticari faaliyetlerin çevre üzerinde yaratabileceği olumsuz etkilerin kapsamlı olmayan bir listesi sunulmaktadır. Birçok şirket faaliyeti çevre üzerinde olumsuz etkilere yol açabilir. Olumsuz çevresel etkiler; çevredeki veya biyotadaki önemli değişikliklerdir. Bu değişiklikler; doğal ve yönetilen ekosistemlerin bileşimi, esnekliği, üretkenliği veya taşıma kapasitesi veya sosyo-ekonomik sistemlerin işleyişi veya insanlar üzerinde zararlı etkileri de kapsar. Çevre üzerindeki olumsuz etkiler, mevcut en iyi bilimsel bulgular ışığında değerlendirilmelidir. *Rehberin* II. Bölümü'nde özetlendiği şekilde, bir şirket, faaliyetleri vasıtasıyla çevre üzerinde olumsuz etkiye "doğrudan yol açabilir". Faaliyetlerinin diğer şirketlerin faaliyetleriyle birlikte ortak bir etki yaratması veya şirket faaliyetlerinin başka bir şirketin olumsuz bir etki yaratmasını kolaylaştırması ya da teşvik etmesi durumunda çevre üzerinde olumsuz bir etkiye "dolaylı" bir şekilde neden olur. Şirketler bu etkilere dolaylı olarak neden olmasalar bile, bir şirketin ticari faaliyetlerine, ürünlerine veya hizmetlerine bir iş ilişkisi vasıtasıyla doğrudan bağlantılı olumsuz etkiler de söz konusu olabilir.

69. Çevresel etkiler; kolektif ve birbirine bağlı veya birbirinden ayrı olabilir; yerel bölgelerde yoğunlaşabilir veya sınırların ötesine geçebilirler. Çevresel etkilerden bazıları daha iyi anlaşılmakla birlikte, bazılarının kapsamı, nitelikleri ve nedenleri daha az anlaşılıyor olabilir veya hatta bilinmeyebilir. Bu nedenle, bazı durumlarda, mevcut bilimsel bulgulara ve bilgilere dayanarak, bir şirketin çevre üzerinde olumsuz bir etkiye ne ölçüde neden olduğunu değerlendirmek mümkün olsa da, bazı durumlarda böyle bir değerlendirme yapmak zor olabilir. İkinci durum söz konusu olduğunda, *Rehberin* amaçları doğrultusunda, bir şirket; olumsuz etkiler üzerindeki doğrudan ya da dolaylı etkilerini değerlendirirken şirket faaliyetlerinin yaygın olarak kabul

edilen standartlara, çevre yönetimi süreçlerine ve çevre önlemlerine ne ölçüde uygun olduğunu göz önünde bulundurmalıdır. Bunun yanı sıra şirket faaliyetlerinin yürürlükteki çevre kuralları ve düzenleyici çerçevelerde belirlenen kriterlere, standartlara ve ilgili uluslararası anlaşmaların hükümlerine ne ölçüde uygun olduğu da dikkate alınmalıdır.

70. Olumsuz çevresel etkiler, *Rehberin* kapsadığı diğer konularla (sağlık ve güvenlik, işçiler ve topluluklar üzerindeki etkiler, geçim kaynaklarına erişim veya arazi kullanım hakları gibi) genellikle yakından bağlantılıdır. Bunun yanı sıra, çevresel teknik değerlendirme çalışmalarının yürütülmesi ve olumsuz çevresel etkilerin yönetilmesi sürecinde genellikle birden fazla çevresel, sosyal ve gelişimsel önceliğin dikkate alınması gerekir. Özellikle Paris Anlaşması'nın önsözünde, adil geçiş, işgücü ve ulusal olarak tanımlanmış kalkınma önceliklerine uygun olarak insana yakışır iş ve kaliteli işlerin yaratılması için gereken şartlar dikkate alınır. Tarafların iklim değişikliğini ele almak için harekete geçerken ilgili yükümlülükleri göz önünde bulundurmaları, teşvik etmeleri ve bunlara riayet etmeleri gerektiği kabul edilir. Bu bağlamda, şirketlerin çevresel yönetim ve teknik değerlendirme çalışmaları bağlamında sosyal etkileri de değerlendirmeleri ve ele almaları gerekir. Bu doğrultuda, şirketler; çevreye zararlı uygulamalardan uzaklaşıp yenilenebilir enerji kullanımı gibi daha yeşil endüstrilere veya uygulamalara geçerken bu tür olumsuz etkileri önlemek ve azaltmak için adımlar atmalıdır. Bu açıdan V. Bölüm'de belirtildiği gibi sosyal diyalog ve toplu pazarlık da dâhil olmak üzere işçi haklarına saygı duymak, ilgili paydaşlarla anlamlı bir şekilde ilişki kurmak ve ilgili durumlarda II. Bölüm belirtildiği gibi sorumlu bir şekilde iş ilişkisinden çekilme kararını uygulamak önemli olacaktır.

71. Çevre yönetim sisteminin kurulması, çevresel performansın iyileştirilmesine katkıda bulunur. Bunun yanı sıra, şirketlere ekonomik faydalar da sağlar: faaliyet ve sigorta maliyetlerini azaltır, enerji tüketimini daha verimli hale getirerek kaynak tasarrufu sağlar, şikâyetler ve yasal yükümlülüklerle ilgili masrafları azaltır, sürdürülebilirliği ve esnekliği arttırır, sermayeye ve becerilere daha kolay erişim sağlar, müşteri memnuniyetini arttırır, toplumla ve halkla ilişkilerin iyileştirilmesine katkıda bulunur.

72. Bir şirketin faaliyetleri, ürünleri ve hizmetleri ile ilgili çevresel etkilere ilişkin iletişimin yanı sıra anlamlı paydaş katılımı da teknik değerlendirme çalışmalarının önemli bir bileşenidir ve kanunlarda da şart koşulmuş olabilir. Küresel Raporlama Girişimi ve diğer çevresel raporlama standartları gibi raporlama standartları bu konuda yararlı bilgiler sağlar. Ayrıca çalışanlar, müşteriler, yatırımcılar, tedarikçiler, yükleniciler, yerel topluluklar, savunmasız durumdaki bireyler veya dışlanmış gruplar, özel haklara veya meşru kullanım haklarına sahip kişiler ve yerli halklar gibi paydaşlar ve genel olarak kamuoyu ile anlamlı etkileşim ve iletişime ilişkin III. Bölüm'e bakınız. Toplulukların bu tür etkilerden etkilendikleri veya etkilenebilecekleri yerlerde ve bölgesel, ulusal veya uluslararası bağlamda çevresel kaynakların kıt veya risk altındaki olduğu yerlerde paydaş katılımı özel bir öneme sahiptir.

73. Şirketler; kaynak verimliliği, döngüsel ekonomi ve diğer modeller de dâhil olmak üzere sürdürülebilir tüketim ve üretim modellerini benimsemeye teşvik edilmektedir. Çevre üzerindeki olumsuz etkiler, bu tür uygulamalar vasıtasıyla önemli ölçüde azaltılabilir. Kaynak verimliliği, çevreye duyarlı hammadde tedariki de dâhil olmak üzere kaynakların ve malzemelerin daha verimli ve etkili kullanılmasını teşvik eder. Bunun yanı sıra, döngüsel ekonomi yaklaşımları, gerektiğinde sürdürülebilir kalkınmayı sağlamak için kullanılabilecek yollardan biridir. Ulusal önceliklere ve koşullara göre, döngüsel bir ekonomi; ürün ve malzemelerin yeniden kullanılabilecekleri, onarılabilecekleri, yeniden üretilebilecekleri, geri dönüştürülebilecekleri veya geri kazanılabilecekleri ve bu nedenle ekonomide mümkün olduğunca uzun süre muhafaza edilebilecekleri şekilde tasarlandıkları bir modeldir. Ürünlerin yapıldığı kaynaklar da tasarruf sağlar; atık oluşumunun, özellikle de tehlikeli atıkların önlenmesine veya en aza indirilmesine katkıda bulunur. Sera gazı emisyonlarının da önlenmesini ve azaltılmasını sağlar.

74. *Rehberin* temel ön kabulü, şirketlerin olumsuz çevresel etkilerden kaçınmak için mümkün olan en kısa sürede ve pro-aktif bir şekilde hareket etmeleri gerektiğidir.

75. *Rehber*, mevcut araçları yeniden yorumlamayı veya devletler adına yeni taahhütler veya emsaller oluşturmayı amaçlamaz, yalnızca şirketler düzeyinde ihtiyati yaklaşımların nasıl uygulanması gerektiğine dair tavsiyeler sunar. Bu yaklaşım uygulanırken, gerçekleştirildiği özel bağlama bağlı olarak bir miktar esnekliğe

ihtiyaç duyulduğu kabul edilmektedir. Bunun yanı sıra, devletlerin, bu alandaki temel çerçeveyi kapasiteleri ışığında belirledikleri ve şeffaf ve bilimsel bir yaklaşım doğrultusunda ileriye dönük en uygun yollar konusunda paydaşlarla düzenli olarak istişare etme sorumluluğuna sahip oldukları kabul edilmektedir.

76. Şirketler, iklim değişikliğinin etkilerinin azaltılması ve uyum konusunda uluslararası alanda kabul görmüş hedefler doğrultusunda, net sıfır sera gazı emisyonu hedefine ulaşılmasına ve iklime dayanıklı bir ekonominin desteklenmesine katkıda bulunabilir. Net sıfır sera gazı emisyonlarına geçiş sürecinde, birçok ticari faaliyet; bir miktar sera gazı emisyonu oluşturacak veya karbon yutaklarının azaltılmasını sağlayacaktır. Şirketler; sera gazı emisyonlarının ve karbon yutakları üzerindeki etkilerinin, Hükümetlerarası İklim Değişikliği Paneli (IPCC) tarafından değerlendirilen bulgular da dâhil olmak üzere, mevcut en iyi bilimsel bulgulara dayanan ve uluslararası alanda kabul görmüş küresel sıcaklık hedefleriyle tutarlı olmasını sağlamalıdır.

77. Bu bağlamda iklim değişikliğinin etkilerinin azaltılması için bilimsel temellere dayalı politikaların, stratejilerin ve geçiş planlarının uygulamaya konularak hayata geçirilmesi gerekir. Kısa, orta ve uzun vadeli azaltma hedefleri de benimsenmeli, uygulanmalı, izlenmeli ve raporlanmalıdır. Söz konusu hedefler; bilimsel yaklaşımlara dayanmalı, sera gazını azaltmaya yönelik mutlak hedefler ile ilgili olduğunda yoğunluğa dayalı hedefleri de kapsamalıdır. Hedefler geliştirilirken kapsam 1 ve kapsam 2 emisyonlarının yanı sıra, mevcut en iyi bilgiler temelinde mümkün olduğu ölçüde kapsam 3 sera gazı emisyonları da dikkate alınmalıdır. Mevcut en son bilimsel kanıtlar doğrultusunda, ulusal ölçekte veya sektöre özgü farklı geçiş yolları geliştirilip güncellendiğinden, hedefler; yeterlilikleri ve uygunlukları açısından düzenli olarak gözden geçirilmeli, raporlanmalı ve güncellenmelidir. Şirketler; dengeleme, telafi veya nötralizasyon önlemleri doğrultusunda emisyon kaynaklarını ortadan kaldırmaya veya azaltmaya öncelik vermelidir. Azaltılamayan emisyonları ele almak için karbon kredilerine veya karbon ofsetlerine (dengeleme) sadece son çare olarak başvurulmalıdır. Karbon kredileri veya ofsetleri; çevresel açıdan yüksek etik standartlara dayalı olmalı, emisyonları azaltma hedefinden uzaklaşmamalı, sera gazı yoğun süreçlerin ve altyapıların kalıcı hâle gelmesine yol açmamalıdır. Şirketler, herhangi bir karbon kredisine veya ofsetine olan bağımlılıklarını ve bu kredilerin ilgili özelliklerini kamuya açık bir şekilde raporlamalıdır. Bu tür raporlama, emisyon azaltımına ilişkin raporlamadan farklı, fakat onu tamamlayıcı nitelikte olmalıdır.

78. İklim değişikliğinin etkilerini azaltma ve değişikliklere adaptasyon çabaları kapsamında hedeflere ulaşılması için karşılıklı olarak kabul edilebilir şartlarda teknolojik gücün kullanılması, teknoloji sağlanması, tedarikçilere ve iş ilişkisi kurulan diğer kuruluşlara teknik yardım ve finansman sağlanması büyük bir öneme sahip olacaktır.

79. İklim dayanıklılığı ve değişikliklere adaptasyon hedefi; insanları ve ekosistemleri iklim değişikliğinin etkilerine karşı korumaya yönelik uzun vadeli küresel müdahalenin temel bir bileşenidir. Bu hedefe ulaşılması için toplumun tüm kesimlerinin katılımı ve desteği gerekli olacaktır. Şirketler; topluluklar, işçiler ve ekosistemler için iklim dayanıklılığını ve iklim değişikliğinin etkilerine adaptasyon kapasitesini olumsuz yönde etkileyen faaliyetlerden kaçınmalıdır.

80. İnsan sağlığının ve geçim kaynaklarının korunması, türlerin hayatta kalması, iklim değişikliğinin etkilerinin azaltılması ve iklime adaptasyon açısından biyolojik çeşitliliğin ve sürdürülebilir yönetimin korunması son derece önemlidir. Bu kapsamda ormanlar, okyanuslar, turba alanları ve sulak alanlar da dâhil olmak üzere tüm doğal kaynakların ve ekosistemlerin korunması büyük bir öneme sahiptir. Şirketler; biyolojik çeşitliliğin korunmasına, bileşenlerinin sürdürülebilir kullanımına, genetik kaynakların kullanımı ile elde edilen faydaların adil ve eşitlikçi bir şekilde paylaşılmasına katkıda bulunmalıdır. Şirketler ayrıca, BM Sürdürülebilir Kalkınma Amaçları (özellikle de hedef 15.2), BM Ormanlar Stratejik Planı (2017-2030) ve 2021 Glasgow Liderleri Ormanlar ve Arazi Kullanımı Deklarasyonu ile orman kaybını ve arazi bozulmasını 2030 yılına kadar durdurmayı ve tersine çevirmeyi amaçlayan hedefler doğrultusunda ormansızlaşma da dâhil olmak üzere kara, deniz ve tatlı su bozulumuna yol açmaktan kaçınmalı ve bunlar üzerindeki olumsuz etkilerini ele almalıdır. Yürütülen çabalar kapsamında, UNESCO'nun Dünya Doğal Mirası listesindeki alanlar ile Biyolojik Çeşitlilik Sözleşmesi kapsamında korunan alanlar da dâhil olmak üzere korunan alanlarda, ulusal parklarda ve rezervlerde biyoçeşitlilik üzerindeki potansiyel olumsuz etkilere ilişkin teknik değerlendirme çalışmalarını

yoğunlaştırmalıdır. Bu çalışmaları; ulusal mevzuatta ve korunan tür tanımlarında belirlendiği şekilde yürütmelidir. Bunun yanı sıra şirketler, uygun olduğunda, kendi kapasiteleri ve faaliyet gösterdikleri yerlerdeki kanunlar doğrultusunda, restorasyon, ağaçlandırma ve yeniden ağaçlandırma çalışmaları da dâhil olmak üzere sürdürülebilir arazi ve orman yönetimine katkıda bulunmalıdır. Karaların, denizlerin ve tatlı suların bozulmasını önlemeye ve azaltmaya yönelik tedbirler de bu kapsamda yer alır. Şirketlerin biyoçeşitlilik üzerindeki olumsuz etkileri önleme veya azaltma çabaları; etkileri azaltma hiyerarşisine dayanmalıdır. Bu hiyerarşi doğrultusunda, şirketler; öncelikle biyoçeşitliliğe zarar vermekten kaçınılmalıdır. Kaçınmanın mümkün olmadığı durumlarda etkiler, en aza indirilmeli veya mümkün olduğunca azaltılmalıdır. Kaçınılması hiçbir şekilde mümkün olmayan olumsuz etkiler için ofsetlere ve restorasyona sadece son çare olarak başvurulmalıdır.

81. Başta arazi, deniz ve tatlı su bozulması ve biyoçeşitlilik bağlamındaki etkiler gelmek üzere olumsuz çevresel etkiler; arazi, orman ve balıkçılık alanlarının sorumlu yönetimi ile ilişkilendirilebilir. Ulusal Gıda Güvenliği bağlamında Arazi Kullanım Hakkı, Balıkçılık ve Ormanların Sorumlu Yönetimine ilişkin Gönüllü Rehber İlkeler (VGGT'ler) kapsamında belirtildiği üzere arazi, orman ve balıkçılık alanlarının sorumlu yönetimi; çevresel kaynakların sürdürülebilir kullanımını destekleyebilir. Söz konusu Rehber kapsamında, çevreye zarar vermeyen, meşru kullanım hakkı sahiplerinin mülksüzleştirilmesine karşı güvence veren ve çevresel zararlara karşı koruma sağlayan yatırımlar yapılması çağrısında bulunulmaktadır.

82. *Rehber* kapsamında, şirketler, faaliyet gösterdikleri ülkelerdeki mevcut uygulamalarda resmî olarak şart koşulmasa dahi, faaliyetlerinin tamamında çevresel performansı arttırmaya teşvik edilmektedir. Bu bağlamda, şirket faaliyetlerinin gelişmekte olan ülkeler üzerindeki sosyal ve ekonomik etkileri de dikkate alınmalıdır.

83. Örneğin, çok uluslu şirketler, çoğu zaman mevcut ve yenilikçi teknolojilere erişebilmektedir veya uygulandığında genel olarak çevresel performansı arttırabilecek prosedürlere başvurabilmektedir. Çok uluslu şirketler genellikle kendi alanlarında lider olarak kabul edilir. Bu nedenle, çok uluslu şirketlerin diğer şirketler için bir "rol modeli" oluşturma potansiyeli göz ardı edilmemelidir. Çok uluslu şirketlerin faaliyet gösterdiği ortamların da mevcut ve yenilikçi teknoloji ve uygulamalardan yararlanmasını sağlamak, daha genel anlamda uluslararası yatırım faaliyetlerinin daha fazla destek görmesini sağlamak için kullanabilecek önemli bir yoldur.

84. Şirketler, çalışanlarının ve diğer paydaşlarının çevre yönetimi ile ilgili konularda eğitiminde önemli bir role sahiptir. Şirketlerin, özellikle de insan sağlığı ve güvenliği ile doğrudan ilgili alanlarda, bu sorumluluğu mümkün olduğunca kapsamlı bir şekilde yerine getirmeleri teşvik edilir. Şirketler ayrıca çevre politikalarını, şartlarını ve standartlarını iş ilişkisinde bulundukları kişilere ve kuruluşlara net bir şekilde iletmeli ve bunların erişilebilir olmasını sağlamalıdır.

85. Şirketler; Dünya Hayvan Sağlığı Örgütü'nün (WOAH) Karasal Hayvan Sağlık Kodu ile uyumlu hayvan refahı standartlarına da riayet etmelidir. Bir hayvanın refahının iyi olması için o hayvanın iyi beslenmesi, sağlıklı, rahat ve güvende olması gerekir. Hayvan acı, korku ve sıkıntı gibi acı deneyimler yaşamamalı; fiziksel ve zihinsel durumu açısından önem taşıyan davranışlarda bulunabilmelidir. Bunun yanı sıra söz konusu standartlar; hastalıkların önlenmesini, uygun veteriner bakımını, hayvanların destekleyici ve güvenli bir ortamda barınmasını, beslenmesini, insani muamele görmesini ve insani kesim yöntemlerinin kullanılmasını gerektirir. Buna ek olarak, şirketler, ilgili uluslararası kuruluşların canlı hayvanların taşınması konusunda sağladığı rehberlere de uymalıdır.

VII. Rüşvetle ve Diğer Yolsuzluk Biçimleriyle Mücadele

Rehberin kapsadığı konularda olumsuz etkiler yaratılırken genellikle çeşitli yolsuzluk biçimlerine başvurulmaktadır. Bu nedenle, bir şirketin yolsuzlukla mücadele etmek için etkili önlemler uygulaması, *Rehber* kapsamında ele alınan diğer olumsuz etkilerin önlenmesine ciddi bir katkıda bulunur. Şirketler; hiçbir şekilde rüşvet vermemeli veya diğer türden yolsuzluk eylemlerine iştirak etmemelidir.

Şirketler:

1. İş ilişkisine sahip olduğu kişi veya kuruluşların kamu görevlilerine veya çalışanlarına ya da akrabalarına veya iştiraklerine usulsüz maddi olanakların veya diğer avantajların teklif edilmesi, vaat edilmesi veya verilmesi dâhil olmak üzere hiçbir yolsuzluk eyleminde bulunmamalıdır. Aynı şekilde, kamu görevlilerinden veya bir şirketin iş ilişkisi içinde olduğu kişi veya kuruluşların çalışanlarından usulsüz herhangi bir maddi kazanç veya başka bir avantaj talep etmemeli veya kabul etmemelidir. Şirketler; acenteler, danışmanlar, temsilciler, distribütörler, konsorsiyumlar, yükleniciler ve tedarikçiler ve ortak girişim ortakları gibi üçüncü taraflar veya diğer aracılar vasıtasıyla kamu görevlilerine veya bir şirketin iş ilişkisine sahip olduğu kişi veya kuruluşların çalışanlarına veya bunların akrabalarına veya iştiraklerine maddi avantajlar veya diğer türden avantajlar da sağlamamalıdır.
2. Şirketler; şirketin koşullarını, özellikle de rüşvet ve diğer yolsuzluk biçimleriyle ilgili kurumsal risk faktörlerini (diğerlerinin yanı sıra, coğrafi faaliyet alanı ve endüstriyel sektör ile ilgili riskler, sorumlu iş yönetimiyle ilgili diğer sorunlar, düzenleyici ortam, iş ilişkileri türü, yabancı hükümetlerle yapılan işlemler ve üçüncü tarafların kullanımı da dâhil olmak üzere) hesaba katarak, riske dayalı bir değerlendirme temelinde rüşveti ve diğer yolsuzluk biçimlerini önlemek, tespit etmek ve ele almak için yeterli dâhili denetim, etik ve uyum programları veya önlemleri geliştirmeli ve benimsemelidir. Söz konusu dâhili denetimler, etik ve uyum programları veya önlemleri; bunların rüşvet veya diğer yolsuzluk eylemlerine karışmak veya bunları gizlemek amacıyla kullanılmalarını önlemek için mali ve muhasebe prosedürleri sistemini de içermelidir. Söz konusu sistem kapsamında adil ve doğru muhasebe kayıtlarının, çıkar çatışması kayıtlarının, diğer kayıtların ve hesaplarının tutulmasını sağlamak için makul bir şekilde tasarlanmış dâhili bir kontrol sistemi de bulunmalıdır. İşletmeye özgü bu tür koşullar ve riskler, gerektiğinde düzenli olarak izlenmeli ve yeniden değerlendirilmelidir. Böylece uyum kaynaklarının tahsisi gözden geçirilmeli; şirketin dâhili kontrolleri, etik ve uyum programı veya önlemleri gerektiğinde uyarlanmalı, sistemin etkili olmaya devam etmesi sağlanmalı ve şirketin rüşvet veya diğer yolsuzluk biçimlerine karışma riski azaltılmalıdır. Bu dâhili denetimler, etik ve uyum programları veya her türlü yolsuzluğun önlenmesine ve tespit edilmesine yönelik tedbirler; II. Bölüm'de açıklandığı gibi riske dayalı teknik değerlendirme çalışmalarının yapılmasını da içermelidir.
3. Şirket içi kontroller, etik ve uyumluluk programları veya önlemleri kapsamında, ülkelerde genellikle yasa dışı olan küçük kolaylaştırıcı ödemelerin kullanımı yasaklanmalı veya caydırılmalıdır. Bu tür ödemeler yapıldığında bunların defterlere ve finansal kayıtlara doğru bir şekilde kaydedilmesi sağlanmalıdır.

4. Şirketler; rüşvet ve diğer yolsuzluk biçimleriyle ilgili belirli riskleri göz önünde bulundurarak, işe alımlarla ilgili olarak uygun şekilde belgelenmiş teknik değerlendirme çalışmaları yapmalıdır. Bunun yanı sıra temsilcilerin (*agents*) uygun ve düzenli bir şekilde denetimini sağlamalı ve temsilci ücretinin uygun olduğundan ve temsilcilerin yalnızca meşru hizmetler için kullanıldığından emin olmalıdır. İlgili durumlarda, kamu kurumları ve kamu işletmeleri ile yapılan işlemlerle bağlantılı olarak, faaliyet gösteren temsilcilerin güncel bir listesi tutulmalı ve bu liste, yürürlükteki kamuoyunu aydınlatma şartlarına uygun olarak yetkili makamlara sunulmalıdır. Şirketler, temsilcilerinin usulsüz bir şekilde nüfuzlarını kullanmaktan kaçınmalarını ve kamu görevlileriyle ilişkilerinde mesleki standartlara uymalarını sağlamak için gereken adımları atmalıdır.
5. Şirketler; rüşvet ve diğer yolsuzluk biçimlerine karşı mücadelede faaliyetlerinin şeffaflığını arttırmalı ve dürüstlük kültürünü teşvik etmelidir. Bu kapsamdaki önlemlerden bazıları aşağıda belirtilmektedir: i) yönetim kurulu veya eşdeğer yönetim organı ve üst yönetim; şirketin iç denetim, etik ve uyum programlarına yönelik taahhüdünü ortaya koymalı, bunlara güçlü, net ve görünür bir şekilde destek sağlamalıdır; ii) rüşveti ve diğer yolsuzluk biçimlerini yasaklayan, açıkça ifade edilmiş, net bir kurumsal politika oluşturulmalı ve yabancı iştirakler, temsilciler ve diğer aracılar da dâhil olmak üzere tüm çalışanların ve ilgili üçüncü şahısların bu politikaya kolaylıkla erişebilmesi sağlanmalıdır; iii) bu taahhütleri yerine getirmek için şirketler tarafından benimsenen yönetim sistemleri ile iç denetim, etik ve uyum programları veya önlemleri kamuoyuna duyurulmalıdır. Şirketler; ayrıca, rüşvetle ve diğer yolsuzluk biçimleriyle rüşvetle mücadele konusunda farkındalığını ve işbirliğini arttırmak için halkla diyaloğu ve şeffaflığı teşvik etmelidir. Şirketlerin, ulusal kanunlara ve şartlara halel getirmeksizin, rüşvet ve diğer yolsuzluk biçimleriyle ilgili herhangi bir suistimalin yanı sıra rüşvet ve diğer yolsuzluk türlerinden şüphelenilen vakaları ele almak için alınan önlemleri açıklamaları da teşvik edilmektedir. Söz konusu önlemler; bunlarla sınırlı olmamak üzere, suistimali tespit etme, soruşturma ve bildirme süreçlerini ve kolluk kuvvetleriyle fiilen ve aktif bir şekilde ilişki içinde bulunmayı içerebilir.
6. Şirketler; bir iş ilişkisi içerisinde oldukları çalışanlar, kişiler veya kuruluşlar arasında rüşvet ve diğer yolsuzluk biçimlerine karşı kurumsal politikalar ve iç denetim, etik ve uyum programları veya önlemlere ilişkin farkındalığı ve bunlara uyumu teşvik etmelidir. Bunun için söz konusu politikalar, programlar veya önlemler; eğitim programları ve disiplin yönergeleri vasıtasıyla iletilmelidir. İlgili eğitim programları tasarlanırken mevcut dil engelleri, kültürel engeller ve teknolojik engeller de dikkate alınmalıdır.
7. Şirketler; seçimlere adaylığını koymuş kişilere veya siyasi partilere ya da siyasi partilerle veya siyasi adaylarla bağlantılı diğer kuruluşlara usulsüz katkılarda bulunmamalıdır. Siyasi katkılar; kamuoyunu aydınlatma şartları da dâhil olmak üzere, ulusal yasalarda öngörülen şartlara tam olarak uygun olmalı ve üst yönetimin onayını gerektirmelidir. Çalışanların, siyasi herhangi bir adayı veya organizasyonu desteklemeye zorlanmaması da bu kapsamda yer alır.

Bölüm VII: Rüşvetle ve Diğer Yolsuzluk Biçimleriyle Mücadeleye ilişkin Açıklamalar

86. Rüşvet ve diğer yolsuzluk biçimleri terimi, aşağıdaki belgelerle tutarlı bir şekilde yorumlanmalıdır. Yolsuzluk, kamu görevlilerine veya iş ilişkileri ile bağlantılı kuruluşlara ya da veya kuruluş çalışanlarına rüşvet verilmesini de içerir. Bunun yanı sıra, nüfuz ticaretini, sponsorlukların kötüye kullanımını ve hayır amaçlı bağışların zimmete geçirilmesini de kapsayabilir. Şirketler; örneğin, doğrudan veya dolaylı olarak, iş veya diğer türden uygunsuz avantajlar elde etmek veya avantajları elde tutmak için rüşvet veya başka türden haksız bir kazanç teklif etmemeli, vaat etmemeli, vermemeli veya talep etmemelidir. Şirketler, ayrıca rüşvet ve para sızdırma taleplerine de direnmelidir. Bir çıkar çatışması fiilen yolsuzluk olmasa da, kamu görevlilerinin özel çıkarları ile kamu görevleri arasındaki çatışmaların, yetersiz yönetildiği takdirde potansiyel olarak yolsuzlukla sonuçlanabileceğine dair anlayış giderek daha fazla kabul görmektedir. Yabancılara yönelik rüşvet işlemlerinin teklif tarafını ele alan temel OECD belgeleri aşağıda belirtilmektedir: *Uluslararası Ticari İşlemlerde*

Kamu Görevlilerine Rüşvet Verilmesinin Önlenmesi Sözleşmesi [OECD/LEGAL/0293] (OECD Rüşvetle Mücadele Sözleşmesi) 15 Şubat 1999 tarihinde yürürlüğe girmiştir. OECD *Rüşvetle Mücadele Sözleşmesi* ve *Uluslararası Ticari İşlemlerde Kamu Görevlilerine Rüşvet Verilmesiyle Daha Fazla Mücadele Edilmesine ilişkin Tavsiye Kararı [OECD/LEGAL/0378]* (*Rüşvetle Mücadeleye ilişkin Tavsiye Kararı*), *Uluslararası Ticari İşlemlerde Kamu Görevlilerine Rüşvet Verilmesiyle Daha Fazla Mücadele için Vergi Önlemlerine İlişkin Tavsiye Kararı [OECD/LEGAL/0371], Rüşvet ve Resmi Olarak Desteklenen İhracat Kredileri Hakkında Tavsiye Kararı [OECD/LEGAL/0447] ve Yolsuzluk Riskinin Yönetilmesi için Kalkınma İşbirliği Aktörlerine Yönelik Tavsiye Kararı [OECD/LEGAL/0431*. Toplu olarak bu belgeler, yabancı kamu görevlilerine "rüşvet arzını" ortadan kaldırmayı amaçlamaktadır. Her ülke, şirketlerinin faaliyetlerinin sorumluluğunu ve kendi yargı yetkisi dâhilinde gerçekleşen işlemlerin sorumluluğunu üstlenmektedir.[2] OECD Rüşvetle Mücadele Sözleşmesi'nin ve ilgili belgelerin tam olarak uygulanmasını teşvik etmek için titiz ve sistematik bir izleme programı oluşturulmuştur. Diğer yolsuzluk türleri ve dürüstlükle ilgili riskler ise şu belgelerde ele alınmıştır: *Kamu Görevlileri Etik Davranış İlkeleri hakkında Tavsiye Kararı [OECD/LEGAL/0435]; Lobicilikte Şeffaflık ve Etik İlkeler Hakkında Tavsiye Kararı[OECD/LEGAL/0379*]; *Kamu Hizmetlerinde Çıkar Çatışmalarını Yönetmek için OECD Rehberi Tavsiye Kararı [OECD/LEGAL/0316]* ve *Devlete Ait Şirketlerde Yolsuzlukla Mücadele ve Etik İlkeler Hakkında Kılavuza ilişkin Tavsiye Kararı [OECD/LEGAL/0451].*

87. Yolsuzluk, demokratik kurumlara ve şirketlerin yönetimine zarar verir. Yatırımları caydırır ve uluslararası rekabet koşullarını bozar. Yolsuzluğun ekonomik etkilerin ötesinde de çeşitli zararlı etkileri olabilir. Örneğin, yolsuzluk; küresel istikrarı olumsuz yönde etkileyebilir, çevresel standartların ve işçi haklarının uygulanmamasına neden olabilir veya düşük standartlarda ürün tedarikine yol açabilir. Özellikle de fonların birtakım yolsuz sayılabilecek uygulamalar yoluyla yönlendirilmesi, vatandaşların, daha yüksek düzeyde ekonomik, sosyal ve çevresel refah elde etme girişimlerini baltalar. Yolsuzluk; dışlanmış veya savunmasız durumdaki gruplara veya nüfus gruplarına mensup kişileri orantısız bir şekilde etkiler ve toplumsal cinsiyet eşitsizliklerini şiddetlendirebilir. Şirketler; denetim, etik ve uyum programlarını oluştururken diğer faktörlerin yanı sıra etnik köken, ırk, cinsiyet ve cinsel yönelim temelindeki ayrımcılık biçimleriyle kesişen yapısal ayrımcılık biçimlerini dikkate alarak bu uygulamaların ortadan kaldırılmasında önemli bir rol oynayabilir.

88. Hem kamusal alanda hem de özel alanlarda uygunluk, dürüstlük ve şeffaflık; rüşvetle ve diğer yolsuzluk biçimleriyle mücadelede temel kavramlardır. İş dünyası, sivil toplum kuruluşları, hükümetler ve hükümetler arası kuruluşlar; yolsuzlukla mücadele önlemlerine yönelik kamu desteğini güçlendirmek, yolsuzluk ve rüşvet sorunlarına ilişkin şeffaflığı ve kamu bilincini arttırmak için işbirliği yapmalıdır. Uygun kurumsal yönetim uygulamalarının benimsenmesi, şirketlerde etik ilkelere dayalı bir kültürün geliştirilmesinde de önemli bir unsurdur.

89. *Rüşvetle Mücadeleye ilişkin Tavsiye Kararı*'nda özellikle hükümetlerin, bu kararı, kararın *II. Ek*'ne dâhil edilen *İç Denetim, Etik İlkeler ve Uyum ile ilgili İyi Uygulama Kılavuzu*'nu dikkate alarak uygulaması önerilmektedir. Bu kapsamda, rüşvetin önlenmesi ve tespit edilmesi amacıyla, şirketler; yeterli iç denetimler,

[2] OECD'nin Rüşvetle Mücadele Sözleşmes*inde, yabancılara rüşvet verme suçu, "… uluslararası ticaret işlemlerinde iş veya diğer uygunsuz avantaj elde etmek veya bunları elde tutmak için resmi görevlerin yerine getirilmesiyle ilgili olarak resmi eylemde bulunmak veya hareket etmekten kaçınmak amacıyla, doğrudan veya aracılar aracılığıyla yabancı bir kamu görevlisine, söz konusu kamu görevlisi veya üçüncü bir taraf için uygunsuz herhangi bir maddi kazanç veya diğer türden avantaj teklif etmek, vadetmek veya vermek" olarak tanımlanmaktadır.".* OECD'nin Rüşvetle Mücadele Sözleşmesi'ne ilişkin Yorumlarda (paragraf 9), işleri "kolaylaştırmak" için yapılan küçük ödemelerinin, 1. paragrafın anlamı dâhilinde 'iş veya diğer uygunsuz avantajları elde etmek veya elde tutmak için 'yapılan ödemeler" kapsamında yer almadığı ve bu doğrultuda bir suç sayılmadığı açıklığa kavuşturulmaktadır. Bazı ülkelerde, kamu görevlilerini lisans veya izin vermek gibi görevlerini yerine getirmeye teşvik etmek için kamu görevlilerine yapılan bu tür ödemeler, ilgili yabancı ülkede genellikle yasa dışıdır. Diğer ülkeler; iyi yönetişim programlarına destek gibi yollarla bu yıpratıcı (*corrosive*) olguyu ele alabilir ve almalıdır. *Rüşvetle Mücadeleye ilişkin Tavsiye Kararı*'nda (Bölüm XIV.i), hükümetlerin "bu olguyla etkili bir şekilde mücadele etmek için kolaylaştırıcı küçük ödemelere ilişkin politikalarını ve yaklaşımlarını düzenli olarak gözden geçirmeyi taahhüt etmeleri" önerilmektedir.

etik ve uyum programları veya önlemleri geliştirmeye ve benimsemeye teşvik edilmektedir. Söz konusu *İyi Uygulama Kılavuzu*, kamu işletmeleri de dâhil olmak üzere tüm şirketlere yöneliktir. Bunun yanı sıra ticari kuruluşları ve meslek örgütlerini de kapsar. Söz konusu Kılavuz'da iç denetim, etik ve uyum programlarının etkinliğini sağlamak açısından iyi uygulamaların önemi vurgulanır. Bildirimde bulunan kişiler için koruma önlemleri de dâhil olmak üzere yabancılara rüşvet verilmesini önlemeye ve tespit etmeye yönelik tedbirlerin altı çizilir. Rehber esnektir ve başta küçük ve orta ölçekli şirketler gelmek üzere şirketler tarafından, şirkete özgü koşullar göz önünde bulundurularak uyarlanması amaçlanmıştır. Bu bağlamda dikkate alınacak koşullar arasında, şirketlerin faaliyet gösterdikleri yargı alanlarının ve diğer temel yasal ilkelerin yanı sıra şirketin büyüklüğü, türü, yasal yapısı, coğrafi faaliyet alanları ve ilgili sanayi sektörü de yer almaktadır. Buna ek olarak, bu *Rehberin* amaçları doğrultusunda, iç denetimler, etik ve uyum programları veya yolsuzlukla ilgili önlemler, II. Bölüm'deki tavsiyeler doğrultusunda riske dayalı teknik değerlendirme çalışmalarını da içermelidir.

90. Yerel ve uluslararası sivil toplum kuruluşları, şirketler, meslek örgütleri ve uluslararası kuruluşlarla anlamlı ilişkiler kurulması ve kolektif eylemlerde bulunulması; şirketlerin kurumsal yolsuzlukla mücadeleye yönelik daha etkili politikalar tasarlayarak uygulamalarına ve bir şirketin kendi başına hafifletemeyeceği yolsuzluk risklerini azaltmasına yardımcı olabilir.

91. 14 Aralık 2005'te yürürlüğe giren Birleşmiş Milletler Yolsuzlukla Mücadele Sözleşmesi'nde (UNCAC), yolsuzlukla mücadeleye yönelik çeşitli standartlar, önlemler ve kurallar öngörülmektedir. UNCAC uyarınca, Katılımcı Devletler; yetkililerinin rüşvet almasını yasaklamanın yanı sıra şirketlerin, yerel kamu görevlilerine, yabancı kamu görevlilerine ve uluslararası kamu kuruluşlarının yetkililerine rüşvet vermesini de yasaklamalıdır. Özel şirketler ya da kişiler arasında rüşvete izin vermeme seçeneğini de göz önünde bulundurmalıdır. UNCAC ve OECD'nin *Rüşvetle Mücadele Sözleşmesi* birbirlerini destekleyici ve tamamlayıcı niteliktedir.

92. Rüşvetin talep tarafını ele almak için iyi yönetişim uygulamaları, şirketlerin rüşvet vermeye teşvik edilmesini önlemek açısından önem taşır. Hem menşe hükümetler hem de ev sahibi hükümetler; rüşvet talebiyle veya diğer yolsuzluk biçimleriyle karşı karşıya kalan şirketlere yardımcı olmalı, bu konuda farkındalığı arttırmalı, ilgili kamu görevlilerine eğitim vermeli, özel sektör ve kamu sektörü temsilcileri ile sivil toplum örgütleri ile birlikte kolektif girişimleri teşvik etme seçeneğini göz önünde bulundurmalı ve uygun olduğunda, rüşvetin talep edilmesi ve kabul edilmesi ile mücadele etmek için koordineli eylemler gerçekleştirmelidir. *Rüşvetle Mücadeleye ilişkin Tavsiye Kararı*'nın II. Eki'nde bulunan *Sözleşme'nin Özel Maddelerine İlişkin İyi Uygulama Kılavuzu*'nda OECD Rüşvetle Mücadele Sözleşmesi'nin, yabancı kamu görevlisinin rüşvet talep ettiği durumlarda, bir savunma veya istisna sağlamayacak şekilde uygulanması gerektiği belirtilmektedir. Bunun yanı sıra UNCAC kapsamında yerel kamu görevlileri tarafından rüşvet talep edilmesinin suç sayılması şart koşulur.

VIII. Tüketicilerin Çıkarları

Şirketler; tüketicilerle ilişkilerinde adil iş, pazarlama ve reklamcılık uygulamaları doğrultusunda hareket etmeli ve sundukları ürün ve hizmetlerin kaliteli ve güvenilir olmasını sağlamak için gereken tüm makul adımları atmalıdır. Şirketler, özellikle de aşağıda belirtilen adımları atmalıdır:

1. Sağladıkları ürün ve hizmetlerin, sağlıkla ilgili uyarılar ve güvenlik bilgileriyle ilgili standartlar da dâhil olmak üzere, tüketici sağlığı ve güvenliği için kararlaştırılan veya yasalarda öngörülen tüm standartları karşıladığından emin olmalıdır. Öngörülebilir kullanım veya öngörülebilir uygunsuz kullanım veya yanlış kullanım gibi durumlarda ürünlerinin ve hizmetlerinin, tüketicilerin sağlığı veya güvenliği açısından makul olmayan bir risk oluşturmasını önlemelidir.
2. Tüketicilerin bilinçli kararlar almalarını sağlamak için yeterli, doğru, doğrulanabilir ve net bilgiler sağlamalıdır. Tüketicilere fiyat bilgilerinin yanı sıra gerekli olduğunda içerik, güvenli kullanım, çevresel özellikler, bakım, depolama, ürünler ve hizmetlerin bertaraf edilmesi ve gizlilik sorunları gibi konularda da bilgi sunmalıdır. Şirketlerin e-ticaret ile ilgili uyarı metinleri; mevcut anlaşmazlık çözümü seçenekleri ve düzeltme yoları hakkında bilgileri de içermelidir. Tüm bilgiler, sade ve anlaşılır bir dil kullanılarak sunulmalı ve kolay erişilebilir olmalıdır. Aynı zamanda engelli tüketicilerin erişilebilirlik ihtiyaçları da dikkate alınmalıdır. Mümkün olduğunda, bu bilgiler, tüketicilerin ürünleri karşılaştırma yeteneğini kolaylaştıracak şekilde sağlanmalıdır.
3. Tüketiciler için gereksiz maliyetler veya yükler yaratılmadan tüketicilerin adil, kullanımı kolay, etkili ve adli olmayan uyuşmazlık çözümü yollarına ve düzeltme mekanizmalarına zamanında erişebilmesi sağlanmalıdır.
4. Şirketler; tüketicilere veya rekabete zarar veren, yanıltıcı, hileli, haksız veya tüketicinin tercih hakkını olumsuz yönde etkileyen diğer uygulamalardan da kaçınmalıdır.
5. Şirketler; iş faaliyetleriyle ilgili alanlarda tüketici eğitimini teşvik etme çabalarını desteklemelidir. Bu kapsamda, tüketicilerin: i) karmaşık ürünler, hizmetler ve pazarlar ile ilgili bilinçli kararlar almalarını kolaylaştırmalıdır, ii) tüketicilerin kararlarının ekonomik, çevresel ve sosyal etkisini daha iyi anlamasını sağlamalıdır ve iii) sürdürülebilir tüketimi destekleme kapasitesini geliştirmelidir.
6. Tüketici verilerinin toplanması ve kullanılmasıyla ilgili kurumsal uygulamaların yasal, şeffaf ve adil olmasını sağlayarak tüketici bilgilerinin gizliliğini korumalıdır. Tüketici katılımını sağlamalı ve tüketicilerin tercih hakkını desteklemelidir. Şirketler; topladıkları, sakladıkları, işledikleri veya yaydıkları kişisel verilerin güvenliğini sağlamak için gereken tüm makul önlemleri almalıdır.
7. Kötü niyetli veya aldatıcı pazarlama uygulamalarını (yanıltıcı reklamlar ve ticari dolandırıcılık da dâhil olmak üzere) önlemek ve bunlarla mücadele etmek için kamu makamlarıyla işbirliği yapmalıdır. Bunun yanı sıra ürün ve hizmetlerinin tüketiminden, kullanımından veya bertaraf edilmesinden kaynaklanan ve halk sağlığı ya da güvenliğine açısından risk oluşturan ciddi çevresel tehditleri azaltmak veya önlemek için de kamu makamlarıyla tam bir işbirliği içinde çalışmalıdır.
8. Yukarıdaki ilkeleri uygularken, i) tüketicilerin, özellikle de savunmasız veya dezavantajlı durumda olanla bireylerin ihtiyaçlarını ve ii) e-ticaretin tüketiciler için oluşturabileceği belirli riskleri ve zorlukları dikkate almalıdır.

Bölüm VIII: Tüketicilerin Çıkarlarına ilişkin Açıklamalar

93. *Rehberin* tüketici çıkarları ile ilgili bölümü; OECD Tüketici Politikası Komitesi ve Finansal Piyasalar Komitesi'nin çalışmalarına, tüketicinin korunması alanındaki ilgili OECD standartlarına ve Uluslararası Ticaret Odası, Uluslararası Standardizasyon Örgütü ve Birleşmiş Milletler de dâhil olmak üzere diğer kuruluşların çalışmalarına dayanmaktadır. Söz konusu çalışmalara BM'nin Çevre Programı (diğer bir deyişle BM Tüketici Politikası Kılavuzu) ile Uluslararası Ticaret Odası'nın küresel reklamcılık ve sorumlu pazarlama için *Reklam ve Pazarlamaya İlişkin İletişim Tüzüğü de dâhildir.*

94. Bu bölümde, tüketici memnuniyetinin ve tüketicilerin ilgili çıkarlarının şirketlerin başarılı bir şekilde faaliyet göstermesinin temelini oluşturduğu kabul edilmektedir. Bunun yanı sıra, ürün ve hizmetleri içeren tüketici pazarlarının zaman içinde büyük bir dönüşüm geçirdiği de dikkate alınmaktadır. Düzenleyici reformlar, giderek daha açık hâle gelen küresel pazarlar ve yeni teknolojiler dijital ve finansal hizmetleri dönüştürmüştür. Tüketicilere yönelik hizmet sektöründe büyüme, tüketicilere daha fazla seçeneğin yanı sıra daha açık rekabetten kaynaklanan diğer faydalar sağlamıştır. Aynı zamanda, birçok pazarın değişim hızı ve artan karmaşıklığı, tüketicilerin ürün ve hizmetleri karşılaştırmasını ve değerlendirmesini çoğu zaman zorlaştırmıştır. Bununla birlikte, tüketici demografisi de zamanla değişmiştir. Çocuklar, sayıları artan yaşlı yetişkinler gibi pazarda giderek daha önemli güçler hâline gelmeye başlamıştır. Tüketiciler; günümüzde genel olarak daha eğitimli olsa da, çok sayıda tüketici, bugünün daha karmaşık ve bilgi yoğun pazarları için gerekli olan aritmetik ve okuryazarlık becerilerinden yoksundur. Bunun yanı sıra, birçok tüketici, şirketlerin ekonomik, sosyal ve çevresel konulardaki çeşitli görüşlerini ve faaliyetlerini bilmek istemekte ve ürün ve hizmetleri seçerken bu hususları giderek daha fazla dikkate almaktadır.

95. Bu bölümün giriş kısmında, şirketler; iş, pazarlama ve reklamcılık alanlarında adil yaklaşımlar uygulamaya ve sağladıkları ürünlerin kalitesine ve güvenilirliğine özen göstermeye davet edilmektedir. Bu ilkelerin hem ürünler hem de hizmetler için geçerli olduğu belirtilmektedir.

96. 1. Paragrafta, şirketlerin gerekli sağlık ve güvenlik standartlarına uymalarının önemi ile birlikte tüketicilere ürünleri hakkında yeterli sağlık ve güvenlik bilgisi sağlamalarının önemi vurgulanmaktadır.

97. 2. Paragraf, kamuoyuyla bilgi paylaşımı ile ilgilidir. Tüketicilerin bilinçli kararlar almaları için tüketicilere yeterli bilgileri sağlamaları için şirketlere çağrıda bulunulur. Çevrimiçi alanda sağlanan bilgiler, tüketicinin erişim araçlarına göre hazırlanmalı ve uyarlanmalıdır. Bu kapsamda, gerektiğinde ürünlerle ilgili finansal riskler hakkında da bilgi verilmesi öngörülmektedir. Bunun yanı sıra, bazı durumlarda şirketlerin yasal olarak, tüketicilerin ürün ve hizmetlerin doğrudan karşılaştırmalarını sağlayacak şekilde bilgi sağlamaları gerekmektedir (örneğin, birim fiyatlandırma). Bu konuda doğrudan mevzuatın bulunmadığı durumlarda, şirketler; tüketicilerle iletişim kurarken, ürün ve hizmetlerin karşılaştırılmasını kolaylaştıracak ve tüketicilerin bir ürünün toplam maliyetinin ne olacağını kolayca belirlemelerini sağlayacak şekilde bilgi vermeleri için teşvik edilmektedir. "Yeterli" kabul edilen şeylerin zaman içinde değişebileceği ve şirketlerin bu değişikliklere duyarlı olması gerektiği unutulmamalıdır. Şirketlerin herhangi bir ürünü ve çevresel ya da sosyal konulardaki iddiaları; yeterli kanıtlara ve gerektiğinde uygun şekilde gerçekleştirilen testlere ve doğrulamalara dayanmalıdır. Söz konusu iddialar, bir ürün veya hizmetin üretilme şekliyle ilgili olabileceği gibi ürün veya hizmetin nitelikleri ile ilgili olabilir. Tüketicilerin sürdürülebilir tüketime, çevresel ve sosyal konulara artan ilgisi göz önüne alındığında, ürün ve hizmetlerin çevresel veya sosyal özellikleri hakkında tüketicilere uygun şekilde bilgi sağlanmalıdır. Bu kapsamda, enerji verimliliği ve geri dönüştürülebilirlik derecesi, dayanıklılık, ürünlerin onarılabilirliği, finansal ürün ve hizmetlerin sürdürülebilirlik özellikleri veya örneğin gıda ürünleri söz konusu olduğunda tarımsal uygulamalar veya beslenme özellikleri hakkında da bilgi verilebilir.

98. Tüketiciler satın alma kararlarını verirken, şirketlerin uyguladıkları davranış kurallarını giderek daha fazla göz önünde bulundurmaktadır. Bu nedenle şirketler; sosyal ve çevresel kaygıları, ticari faaliyetlerine entegre etmek ve sürdürülebilir tüketimi desteklemek için başlattıkları girişimler hakkında bilgi vermeye teşvik

edilmektedir. *Rehberin* kamuoyunun aydınlatılmasıyla ilgili III. Bölümü de bu konuyla ilgilidir. Bu nedenle şirketler; şirketin sosyal, etik ve çevresel politikaları ve şirketin riayet ettiği diğer davranış kuralları hakkında bilgiler de dâhil olmak üzere, değer beyanlarını veya iş yönetim beyanlarını kamuoyuyla paylaşmaya teşvik edilmektedir. Şirketlerin bu bilgileri sade bir dille sunmaları, çevresel veya sosyal performansla ilgili herhangi bir iddianın doğruluğuna ilişkin kanıtlar sağlamaları teşvik edilmektedir. Bu alanlarda raporlama yapan ve tüketicilere bilgi vermeyi hedefleyen şirket sayısındaki artış memnuniyetle karşılanacaktır.

99. 3. Paragraf, Tüketici Uyuşmazlıklarının Çözümü ve Giderilmesi Hakkında Tavsiye Kararı'nda kullanılan üslubu yansıtmaktadır [OECD/LEGAL/0356]. Söz konusu Tavsiye Kararı'nda endüstrinin bu konuda atabileceği bir dizi adım da dâhil olmak üzere tüketici şikâyetlerini ele alması için etkili yaklaşımlar geliştirmeye yönelik bir çerçeve oluşturulmaktadır. Birçok şirketin tüketici uyuşmazlıklarını çözmek için kurduğu mekanizmaların tüketici güvenini ve tüketici memnuniyetini arttırmaya yardımcı olduğu belirtilmektedir. Söz konusu mekanizmalar, şikâyetlere, yasal işlemlerden daha uygulanabilir çözümler sağlayabilir. Zira yasal süreçler, ilgili tüm taraflar için pahalı, zor ve zaman alıcı olabilir. Bununla birlikte, adli olmayan bu mekanizmaların etkili olabilmesi için tüketicilerin varlıklarından haberdar edilmeleri ve özellikle iddialar sınır ötesi veya çok boyutlu işlemleri içerdiğinde şikâyetlerin nasıl yapılacağı konusunda rehberlikten yararlanmaları gerekir.

100. 4. Paragrafta aldatıcı, yanıltıcı, hileli ve haksız ticari uygulamalar ele alınmaktadır. Bu tür uygulamalardan kaçınılmalıdır, zira bunlar piyasanın bozulmasına yol açarak hem tüketiciler hem de sorumlu şirketler için olumsuz sonuçlar doğurabilir.

101. 5. Paragrafta tüketicilerin eğitimi ele alınmaktadır. Birçok pazarın ve ürünün karmaşıklığının artması ile tüketici eğitimi giderek daha fazla önem kazanmıştır. Hükümetler, tüketici örgütleri ve birçok şirket; bunun ortak bir sorumluluk olduğunu ve bu konuda önemli roller oynayabileceklerini kabul etmişlerdir. Tüketicilerin finansal alanlarda ve diğer alanlarda karmaşık ürünleri değerlendirmede yaşadıkları zorluklar, paydaşların, tüketici kararlarını iyileştirmeye yönelik eğitimi teşvik etmek için birlikte çalışmasının önemine işaret etmektedir.

102. 6. Paragraf, kişisel verilerle ilgilidir. Şirketler tarafından kişisel verilerin şirketler giderek daha fazla toplanması ve kullanılması, tüketici bilgilerinin gizliliği ve tüketicilerin refahı açısından büyük riskler oluşturabilir. Bu nedenle, veri güvenliğinin sağlanması da dâhil olmak üzere tüketicilerin kişisel verilerinin korunması büyük bir önem taşımaktadır.

103. 7. paragrafta, şirketlerin aldatıcı pazarlama uygulamalarını daha etkili bir şekilde önlemek ve bunlarla mücadele etmek için kamu makamlarıyla birlikte çalışmasının önemi vurgulanmaktadır. Çevreye, halk sağlığına ve güvenliğine yönelik riskleri azaltmak veya önlemek için de işbirliği gereklidir. Ürünlerin imhası, tüketimi ve kullanımı ile ilgili riskler de bu kapsamda yer alır. Özellikle de tasarım, üretim, dağıtım, kullanım ve bertaraf aşamalarında ürünlerin güvenliği için riskleri dikkate almanın ve yönetmenin önemi üzerinde durulmaktadır.

104. 8. paragrafta, şirketler, ürün ve hizmetler ile ilgili pazarlama çalışmaları yürütürken savunmasız ve dezavantajlı durumdaki tüketicilerin durumlarını dikkate almaya davet edilmektedir. Dezavantajlı veya savunmasız durumdaki tüketiciler ifadesi; kişisel özellikleri veya koşulları (yaş, zihinsel veya fiziksel kapasite, eğitim, gelir, dil veya ücra konum gibi) nedeniyle günümüzün bilgi yoğun, küreselleşmiş pazarlarında faaliyet gösterirken belirli zorluklarla karşılaşabilecek belirli tüketicilere veya tüketici kategorilerine işaret eder. Bu paragrafta ayrıca küresel pazarlarda mobil uygulamaların ve diğer e-ticaret biçimlerinin öneminin giderek arttığı vurgulanmaktadır. Bu tür ticaretin sağladığı faydalar önemlidir ve artış göstermeye devam etmektedir. Bununla birlikte, bunların tüketiciye zarar verme ihtimali de vardır. Hükümetler; tüketicilerin, e-ticaret söz konusu olduğunda, en az geleneksel ticaret biçimlerinde olduğu kadar şeffaf ve etkili bir şekilde korunmasını sağlayabilecek yolları incelemek için ciddi bir zaman ayırmıştır. Dolayısıyla, şirketlerin e-ticaretin risklerini azaltarak koruma seviyesini, daha geleneksel ticaret biçimlerinde sağlanan korumayla en azından eşit düzeye getirmek için adımlar atması önem taşır.

IX. Bilim, Teknoloji ve Yenilik

Bilimsel araştırmalar ve teknolojik yenilikler, şirketlerin teknik değerlendirme çalışmalarıyla sürdürülebilir kalkınmaya katkıda bulunma kapasitesini geliştirmenin yanı sıra tüm sektörlerde verimliliği arttırmıştır. Şirketler, uygun olduğu şekilde, yerel ve ulusal yenilikçi kapasitenin geliştirilmesine katkıda bulunmalıdır. Bilimsel araştırma ve yeniliklerin yanı sıra verilerin toplanması ve kullanımı da dâhil olmak üzere teknolojinin geliştirilmesi, finansmanı, satışı, lisansı, ticareti ve kullanımı bağlamında Rehbere uymalıdır. Gizlilik, veri koruma şartları ve ihracat kontrol düzenlemeleri de dâhil olmak üzere yürürlükteki ulusal kanunlara ve şartlara da riayet etmelidir. Şirketler, bu bağlamda özellikle de aşağıdaki adımları atmalıdır:

1. Bilim, teknoloji ve yenilik ilgili potansiyel ve fiili olumsuz etkilerle ilgili olarak II. Bölüm'de açıklandığı şekilde risk temelli teknik değerlendirme çalışmaları yürütmelidir.
2. İş faaliyetleri sırasında mümkün olduğunda, karşılıklı olarak mutabık kalınan şartlarda gönüllü, güvenli, emniyetli ve verimli teknoloji ve know-how transferini sağlamalıdır. Bunun yanı sıra bilimsel çalışmaları ve yenilikleri teşvik etmek için verilere erişimi ve veri paylaşımını arttıran uygulamalar benimsemelidir. Bunları yaparken fikri mülkiyet haklarını ve kişisel verileri korumalı, gizlilik yükümlülüklerine riayet etmeli, ihracat denetimleri ve ayrımcılık yapmama ilkeleri bağlamında gereken özeni göstermelidir.
3. Uygun olduğunda, yerel pazarın ihtiyaçlarını karşılamak için ev sahibi ülkelerde bilim ve teknolojiyi geliştirme faaliyetleri gerçekleştirmelidir. Bunun yanı sıra bilim ve teknoloji geliştirme faaliyetlerinde ev sahibi ülke personelini istihdam etmelidir. Bu kapsamda etik ilkeleri, güvenlik ihtiyacını ve ticari ihtiyaçları dikkate alarak personel eğitimlerini teşvik etmeli ve desteklemelidir.
4. Fikri mülkiyet haklarının kullanımı için lisans verirken veya başka bir şekilde gönüllü olarak teknoloji aktarırken, bunun olumsuz etkileri önlemek ve azaltmak için uygun önlemleri almalı, ev sahibi ülkenin uzun vadeli sürdürülebilir kalkınma beklentilerine katkıda bulunmalıdır. Bunları ihracat denetim düzenlemelerine uygun bir şekilde, karşılıklı olarak üzerinde anlaşılan hüküm ve koşullara göre yapmalıdır.
5. Ticari hedeflerle ilgili olduğunda, yerel yüksek öğretim kurumları ve kamu araştırma kurumları ile ilişkilerini geliştirmelidir. Sivil toplum kuruluşları, küçük ve orta ölçekli şirketler de dâhil olmak üzere yerel sanayi kuruluşları veya sanayi dernekleri ile işbirliği içinde araştırma projelerine katılmalıdır. Bu tür bir işbirliği kapsamında, etkili risk yönetimi ilkelerini, etik hususları, ulusal güvenlik endişelerini, yürürlükteki yasaları ve paydaşların değerlendirmelerini dikkate almalıdır. Bunun yanı sıra, açık bilimin önemini kabul etmeli ve akademik özgürlüğün yanı sıra araştırma bağımsızlığını ve bilimsel özerkliği korumak için sağlanan güvencelere saygı göstermelidir.
6. Veri toplarken, paylaşırken ve kullanırken, veri erişimi ve paylaşımı ile ilgili düzenlemelerinin şeffaflığını arttırmalıdır. Veri değer döngüsü boyunca, davranış kuralları, etik ilkeler, tüketicilerin manipülasyonu ve zorlanması ile ilgili kurallar ve gizlilik ve veri koruma normları da dâhil olmak üzere Rehberin katılımcıları arasında geçerli, yaygın olarak tanınan veya kabul edilen standartları ve yükümlülükleri yerine getiren *sorumlu* veri yönetişimi uygulamalarının benimsenmesini teşvik etmelidir.
7. Şirketler; koşullarına uygun olarak açık, özgür, küresel, güvenilir, erişilebilir, uygun fiyatlı, güvenli ve esnek interneti teşvik etmek için uygun forumlarda işbirliği çabalarını desteklemelidir. Çevrimiçi ortamda ifade özgürlüğü, barışçıl toplanma ve dernek kurma özgürlüklerine saygı göstermelidir. Bu çalışmaları, *Rehberde* ele alınan hususlarla tutarlı bir şekilde gerçekleştirmelidir.

IX. Bölüm: Bilim, Teknoloji ve Yeniliklere ilişkin Açıklamalar

105. Teknolojinin geliştirilmesi, lisanslanması, satışı, ticareti ve kullanımı, *Rehberde* ele alınan konular üzerinde derin bir etkiye sahiptir. Söz konusu etkilere sürdürülebilir kalkınma, insan hakları, ekonomik katılım, demokrasinin kalitesi, sosyal uyum, iklim değişikliği, küresel iş ve emek ortamı ve piyasa dinamikleri üzerindeki etkiler de dâhildir. Bilimsel araştırmalar ve teknolojik yenilikler, tüm sektörlerde verimliliği teşvik etmenin yanı sıra şirketlerin teknik değerlendirme çalışması yapma ve sürdürülebilir kalkınmaya katkıda bulunma kapasitesini de arttırmıştır. Öte yandan, bunlar, aynı zamanda zorluklarla ve olumsuz etkilerle de ilişkilendirilebilir.

106. Bilim ve teknolojinin gelişen doğası ve birçok hususla ilişkili olduğu göz önüne alınarak bu bölümün geniş kapsamlı ve kapsayıcı olmasına dikkat edilmiştir. Böylece bilim, teknoloji ve inovasyon alanlarındaki gelişmeler sonucunda ortaya çıkabilecek riskler karşısında, bu bölümün anlamını korumaya devam etmesi amaçlanmıştır.

107. Bilgiye dayalı ve küreselleşmiş bir ekonomide, kurumsal performansı arttırmak için teknolojiye, verilere ve know-how'a erişme ve bunları kullanma yeteneği elzemdir. Bu tür bir erişim, sürdürülebilir kalkınma bağlamında verimlilik artışı ve istihdam yaratımı da dâhil olmak üzere teknolojik ilerlemenin ekonomi genelindeki etkilerinin hayata geçirilmesi için de önemlidir.[3] Çok uluslu şirketler, sınırlar ötesi teknoloji transferini sağlayan yollar sunar. Yerli şirketler ve kurumlar tarafından yeni teknolojilerin üretilmesini, yaygınlaştırılmasını ve hatta kullanılmasını sağlayarak ev sahibi ülkelerde yenilik kapasitesinin gelişimine katkıda bulunabilirler. Çok uluslu şirketlerin araştırma ve geliştirme faaliyetleri ve yeni teknolojilere yaptığı yatırımlar ile ulusal yenilik sistemi arasında güçlü bağlantılar kurulduğunda, bu yatırımlar, ev sahibi ülkelerde ekonomik ve sosyal ilerlemeyi de destekleyebilir. Buna karşın, ev sahibi ülkede dinamik bir yenilik sisteminin geliştirilmesi, çok uluslu şirketler için ticari fırsatları arttırır.

108. Dolayısıyla bu bölüm, çok uluslu şirketlerin faaliyet gösterdikleri ülkelerde yürüttükleri araştırma ve geliştirme faaliyetleri vasıtasıyla elde ettikleri çıktıların yayılmasını teşvik etmeyi amaçlamaktadır. Böylece şirketler ekonomik fizibilite ve rekabet kaygılarının dayattığı sınırlar dâhilinde ve gizlilik, veri koruma, güvenlik ve fikri mülkiyet ile ilgili yükümlülükleri doğrultusunda ev sahibi ülkelerin yenilikçi kapasitelerine katkıda bulunabilir. Teknolojinin yayılmasını teşvik etme faaliyetleri kapsamında, yeni teknolojiler içeren ürün ve hizmetler ticarileştirilebilir, süreç yenilikleri lisanslanabilir, bilim ve teknoloji personeli işe alınabilir ve eğitilebilir, araştırma ve geliştirme için işbirliğine dayalı girişimler desteklenebilir. Teknolojinin satışı veya lisanslanması bağlamında, müzakere edilen şartlar ve koşullar üzerinde anlaşmanın ötesinde, çok uluslu şirketler; teknolojinin gelişim, çevre ve toplum üzerindeki uzun vadeli etkilerini de göz önünde bulundurmalıdır. Çok uluslu şirketler, faaliyetleri vasıtasıyla uluslararası iştiraklerinin, alt yüklenicilerinin ve iş ilişkisi içinde oldukları diğer kuruluşların da yenilikçi kapasitelerini geliştirebilirler. Buna ek olarak, hem fiziksel hem de kurumsal düzeyde, yerel bilimsel ve teknolojik altyapının önemine dikkat çekebilirler. Bu bağlamda, ev sahibi ülke hükümetlerinin dinamik yenilik sistemleri geliştirmelerine yardımcı olan politika çerçeveleri oluşturmasına da katkıda bulunabilirler.

109. Burada bilim sözcüğü, diğer hususların yanı sıra, araştırmaları ve keşifleri de içerecek şekilde kullanılmaktadır. Teknoloji terimi ile dijital teknoloji, dijital olmayan teknoloji ve dijital hizmetlerin yanı sıra, bunların gelişimini ve kullanımını kolaylaştıran dijital ekosistemlere de işaret edilmektedir. Yenilik/inovasyon, potansiyel kullanıcıların veya şirketin kullanımına sunmak amacıyla yeni veya iyileştirilmiş ürün, hizmet veya süreç geliştirme sürecine atıfta bulunur.

---

[3] 7. Paragraf, hükümetlerin, Dünya Ticaret Örgütü'nde elektronik ticaret alanındaki pozisyonlarına halel getirmez. Burada, internet kullanımıyla ilgili olarak dikkate alınması gereken ve kamu politikasını ilgilendiren diğer çıkarların göz ardı edilmesi amaçlanmaz. Bazı ülkeler, bu konuda 2005 Tunus Bilgi Toplumu Gündemi'ne de atıfta bulunmuştur.

110. Veriler terimi; ilgili OECD Tavsiye Kararlarında belirtildiği şekilde, metin, görüntü, ses ve video da dâhil olmak üzere yapılandırılmış veya yapılandırılmamış formatlarda kaydedilen bilgilere işaret eder. Veri odaklı yenilik ve veri yoğun bilim; ciddi toplumsal zorlukların ele alınması için muazzam bir potansiyel sağlamaktadır. Açık bilim girişimleri ve verilere erişim; bilimsel sonuçların tekrarlanabilir olması , bilginin toplum genelinde yayılması, disiplinler arası işbirliği, kaynak verimliliği, üretkenlik ve rekabet gücü gibi konular üzerinde geniş kapsamlı etkilere sahiptir. Sınır ötesi veri akışları; uluslararası ticareti, veri ve bilgi alışverişini destekler. Dijital eşitsizlikleri gidermek ve sürdürülebilir kalkınmaya katkıda bulunmak açısından büyük bir öneme sahiptir 2. Paragrafta, söz konusu faydalara işaret edilmekle birlikte, hırsızlık riskleri ve verilerin sorumsuz bir şekilde kullanımıyla ilgili riskler de kabul edilmektedir. Zira verilerin sorumsuz bir şekilde kullanımı; bireysel gizliliğe zarar verebilir ve ulusal güvenlik açısından riskler oluşturabilir. *Verilere Erişimin Arttırılması ve Verilerin Paylaşılması Hakkında Tavsiye Kararı'nda [OECD/LEGAL/0463]* tanımlandığı şekilde, veri sahipleri, veri üreticileri ve veri aracıları dâhil olmak üzere veri ekosistemindeki şirketler; sorumlu veri erişimi, paylaşımı ve kullanımı konularında söz konusu belgede yapılan önerileri dikkate almaya teşvik edilmektedir. Tavsiye kararı, veri değer döngüsü boyunca risk yönetimi önlemlerinin uygulanmasını sağlamayı amaçlar. Özellikle de DNA gibi biyolojik verilerin yönetimi bağlamında ve verilerin kolluk kuvvetleri ve diğer kamu kurumlarıyla paylaşılması sırasında bilgilerin gizliliğini, bütünlüğünü, güvenliğini ve kullanılabilirliğini korumak için alınması gereken önlemleri içerir.

111. 4. paragrafta, istenmeyen sonuçlara yol açabilecek hüküm ve koşullardan kaçınmak için şirketlerden beklentilerin orantılı olması amaçlanmıştır. Şirketler; sivil teknolojiyi kötüye kullanmak isteyen belirli aktörlerin teknoloji transferinden yararlanmaya çalışabileceği durumları tespit etmek için de çaba göstermelidir.

112. II. Bölüm doğrultusunda, bilim, teknoloji ve yenilikle ilgili olumsuz etkileri tespit etmek ve gidermek için yapılacak teknik değerlendirme çalışmalarının niteliği ve kapsamı, belirli bir durumun koşullarına bağlı olacak ve riske dayalı önceliklendirmeyi içerecektir. Bu kapsamda ürünlerin ya da hizmetlerin amacına uygun olarak kullanılmasıyla ilgili bilinen veya makul olarak öngörülebilecek riskler göz önünde bulundurulmalıdır. Ürün ve hizmetlerin uygunsuz kullanımı veya yanlış kullanımı sonucunda ortaya çıkabilecek olumsuz etkiler de dikkate alınmalıdır.

113. Yeni teknolojiler geliştiren veya mevcut araçları yeni şekillerde kullanan şirketler, uygun ve mümkün olduğu ölçüde, yeni teknolojinin ortaya çıkarabileceği etik, yasal, sosyal ve çevresel zorluklar ile işgücü açısından zorlukları ele almalıdır. Diğer yandan sorumlu yenilikleri de teşvik etmelidir. Yerel düzenleyici makamlar ve işçi temsilcileri ile diyalog kurmalı ve bilgi paylaşımında bulunmalıdır. Rehberdeki tavsiyelere ve bu tavsiyelerin uygulanmasının desteklenmesine ek olarak, şirketler; yapay zekâ ve nöroteknoloji alanındaki ilgili OECD standartları da dâhil olmak üzere inovasyon süreci hakkında mevcut rehberleri dikkate almaya teşvik edilmektedir. Söz konusu rehberlere, *Yapay Zekâya ilişkin Tavsiye Kararı* [OECD/Legal/0449] ve *Nöroteknolojide Sorumlu İnovasyona ilişkin Tavsiye Kararı [OECD/LEGAL/0457]* da dâhildir.

114. Dijital güvenlik; şirketler, müşteriler ve hükümetler de dâhil olmak üzere tüm paydaşlar arasında paylaşılan bir sorumluluktur. Dijital güvenlik olayları (sistemlere veya yazılımlara yetkisiz erişim, hesapların tehlikelere maruz kalması, veri kaybı veya hırsızlığı ya da BT kaynaklarına müdahale gibi) verilerin, bilgi sistemlerinin ve ağlarının kullanılabilirliğini, bütünlüğünü ve/veya gizliliğini baltalayarak şirketlere, hükümetlere ve bireylere zarar verebilir. Şirketler, dijital güvenlikle ilgili risk yönetimi faaliyetlerini Rehberin diğer bölümleriyle tutarlı bir şekilde yürütmelidir. Tasarım yoluyla gizlilik uygulaması, güçlü şifrelerin kullanımı, izin ve erişim yönetimi protokolleri ve diğer iyi uygulamalar bu tür tehditleri azaltabilir ve zararları hafifletebilir. Şirketler veri alanındaki ilgili OECD standartlarını da dikkate almalıdır.

115. Şirketler, çocukların ve gençlerin dijital ortama katılımı ile ilgili tüm faaliyetlerde, uygun olduğu şekilde, çocuğun yüksek yararını temel öncelik olarak dikkate almalıdır. Teknik değerlendirme çalışmaları kapsamında çocukların ve gençlerin haklarına nasıl saygı gösterilebileceğini ve dijital ortamda çocukların ve gençlerin nasıl korunabileceğini ve desteklenebileceğini belirlemelidir. *Dijital Ortamda Çocuklar Hakkında Tavsiye Kararı [OECD/LEGAL/0389]* ve *OECD Dijital Hizmet Sağlayıcıları Kılavuzu* doğrultusunda bunun için uygun önlemleri almalıdır.

X. Rekabet

Şirketler, aşağıda belirtilen faaliyetleri yürütmelidir:

1. Faaliyetlerinin rekabet karşıtı etkilere sahip olabileceği tüm yargı alanlarında rekabet ile ilgili kanunları dikkate alarak, faaliyetlerini yürürlükteki tüm rekabet yasalarına ve düzenlemelerine uygun bir şekilde yürütmelidir.

2. Rakipler arasında rekabete aykırı anlaşmalar yapmaktan veya yürütmekten kaçınmalıdır. Rekabete aykırı anlaşma türlerinden bazıları aşağıda belirtilmektedir:

   a) Fiyatları sabitleme anlaşmaları;
   b) Hileli teklifler (ihaleye fesat karıştırmak);
   c) Üretim kısıtlamaları veya kotalar oluşturmak; ya da
   d) Müşterileri, tedarikçileri, bölgeleri veya ticari hatları ayırarak piyasaları bölmek veya paylaşmak gibi uygulamalar.

3. Şirketler, mevcut kanunlar ve gerekli güvenceler çerçevesinde, rekabeti denetleyen makamlar ile işbirliği yapmalıdır. Bu bağlamda bilgi taleplerini, zamanında ve mümkün olduğu ölçüde eksiksiz bir şekilde yanıtlamalıdır. Uygun olması durumunda mevcut araçları (gizlilikten feragat vb.) kullanma seçeneğini göz önünde bulundurmalıdır. Denetleyici soruşturma makamları arasında etkin ve etkili işbirliğini desteklemelidir.

4. Yürürlükteki tüm rekabet yasalarına ve düzenlemelerine uymanın önemi konusunda çalışanların farkındalığını düzenli olarak arttırmalıdır. Özellikle de şirketin üst yönetimine rekabet konularıyla ilgili eğitimler verilmelidir.

X. Bölüm : Rekabet Hakkında Açıklamalar

116. Bu tavsiyelerde hem yerli hem de uluslararası piyasaların etkin işleyişi açısından rekabet kanunlarının ve ilgili düzenlemelerin önemi vurgulanmaktadır. Yerli ve çok uluslu şirketlerin bu kanunlara ve düzenlemelere uymasının önemi üzerinde durulmaktadır. Bunun yanı sıra, tavsiyeler; şirketlerin, rekabet kanunlarının kapsamı, getirdikleri çözümler ve yaptırımlar ile ilgili gelişmelerin farkında olmasını sağlamayı amaçlamaktadır. "Rekabet" kanunu terimi; anti tröst ve anti tekel yasaları da dâhil olmak üzere şunlara işaret etmektedir: (a) rekabeti bozucu anlaşmalar, (b) pazar gücünün ya da pazardaki hâkim durumun kötüye kullanılması (c) etkin performans dışındaki araçlarla pazar gücü ve pazar hâkimiyeti elde edilmesi ya da (d) rekabetin önemli oranda azaltılması ya da etkin rekabetin engellenmesi sonucunu doğuran birleşmeleri ve devralmaları yasaklayan kanunlar.

117. Genel olarak, rekabet kanunlarında ve politikalarında (a) açık karteller, (b) rekabete aykırı olabilecek diğer anlaşmalar, (c) hâkim durumu ya da pazar gücünü suistimal ederek hâkimiyet alanını genişleten eylemler ve (d) rekabete aykırı birleşmeler ve devralmalar yasaklanmaktadır. *Kartellere Karşı Etkin Bir Mekanizma Kurulmasına İlişkin Tavsiye Kararı'nın* *[OECD/LEGAL/0452]* (a) maddesinde belirtilen rekabete aykırı anlaşmalar, açık kartelleri ifade etmektedir. Bununla birlikte, Tavsiye Kararı'nda üye ülkelerin kanunlarındaki farklılıklar da göz önüne alınmıştır. Bu farklılıklara yasak olabilecek bir faaliyet için istisnaya ya da muafiyete izin veren hükümlerle ilgili farklılıklar da dâhildir. *Rehberdeki* tavsiyeler, şirketlerin mevcut

olabilecek bu tür yasal istisnalardan ya da hükümlerden faydalanmaktan vazgeçmesi gerektiği şeklinde yorumlanmamalıdır. Madde (b) ve (c) kapsamındaki kategoriler, daha genel bir özellik arz etmektedir çünkü diğer anlaşma şekillerinin ve tek taraflı eylemlerin etkileri daha belirsizdir ve neyin rekabete aykırı olduğu konusunda daha az bir fikir birliği vardır.

118. Rekabet politikasının amacı; ürün ve hizmetlerin fiyatlarının, niteliklerinin ve kalitesinin pazar güçleri tarafından belirlendiği pazar koşullarını teşvik ederek genel olarak refaha ve ekonomik kalkınmaya katkıda bulunmaktır. Rekabete dayalı ekonomi, tüketicilere ve ekonomiye fayda sağlamasının yanında, tüketici talebine etkin bir şekilde cevap veren şirketleri ödüllendirir. Hükümetler piyasaların etkinliğini azaltabilecek ya da pazarın rekabet düzeyini etkileyebilecek kanun ve politikaları ele aldıklarında, şirketler, bilgi ve tavsiye sağlayarak bu sürece katkıda bulunabilir.

119. Şirketler, hükümetlerin rekabet kanunları çıkarmaya devam edeceğinin farkında olmalıdır. Bu kanunlar kapsamında, yurt dışında gerçekleştirilse de yerli tüketiciler üzerinde zararlı etkisi olan rekabete aykırı faaliyetler de yasaklanabilmektedir ve bu uygulama giderek yaygınlaşmaktadır. Bunun yanı sıra, sınır ötesi ticaret ve yatırımlar, bir ülkedeki rekabete aykırı bir uygulamanın başka ülkelerde de zararlı etkilere yol açmasını mümkün hâle getirmiştir. Bu nedenle şirketler hem faaliyet gösterdikleri ülkenin yasalarını hem de faaliyetlerinin etkilerinin hissedilebileceği tüm ülkelerin yasalarını dikkate almalıdır.

120. Son olarak, şirketler, rekabet makamlarının rekabet karşıtı eylemleri araştırmak ve bunlarla mücadele etmek için giderek daha fazla işbirliği yaptıklarını dikkate almalıdır. Genel olarak bakınız: rekabet politikası alanındaki ilgili OECD standartları. Birden fazla ülkenin rekabet makamları aynı faaliyeti incelediğinde, şirketlerin bu makamlar arasındaki işbirliğini kolaylaştırması, tutarlı ve doğru kararlar alınmasına yardımcı olur. Aynı zamanda da hükümetler ve şirketler için maliyet tasarrufu sağlayabilir.

121. Şirketler ve dâhil oldukları işbirliği girişimleri, faaliyet gösterdikleri yargı alanlarında geçerli olan rekabet hukukunu anlamak ve rekabet kanunu hükümlerini ihlal edebilecek faaliyetlerden kaçınmak için pro-aktif adımlar atmalıdır. Diğer yandan, güvenilir ve sorumlu iş yönetimi girişimleri; doğası gereği rekabet hukukunun amaçlarıyla çatışma içinde değildir. Dolayısıyla bu tür girişimler kapsamında kurulan işbirliği, genellikle söz konusu yasaları ihlal etmez.

122. Ulusal bağlama bağlı olarak, şirketler; diğer ürün ve hizmetleri satın alırken olduğu gibi, işçilerden emek girdisi satın alırken de rekabet kanunlarına tabi olabilir. İşverenler arasında maaşlar (ücretlerin sabitlenmesi) ve işe alım uygulamaları (diğer şirketlerin personelini işe almama anlaşmaları gibi) konularında gizli anlaşmalar yapılması durumunda da ciddi yaptırımlar uygulanabilir. Bu nedenle şirketler, hem işe alım ve istihdam politikaları kapsamında hem de birleşmeleri ve satın almaları planlarken yürürlükteki yasalara uyduklarından emin olmalıdır.

XI. Vergilendirme

1. Şirketlerin, vergi yükümlülüklerini zamanında yerine getirerek ev sahibi ülkelerin kamu finansmanına katkıda bulunmaları büyük bir önem taşır. Şirketler, özellikle de faaliyet gösterdikleri ülkelerde yürürlükte olan vergi kanunlarının ve düzenlemelerinin lafzına ve ruhuna riayet etmelidir. Yasanın ruhuna uymak, yasa koyucunun niyetini ayırt etmek ve buna uymak anlamına gelir. Bu, bu tür bir yorum uyarınca, bir şirketin yasal olarak gerekenden daha fazla ödeme yapmasını gerektirmez. Vergi uyumu; yasaların gerektirdiği bilgilerin ilgili makamlara zamanında sağlanması gibi önlemleri içerir. Söz konusu bilgiler; şirket faaliyetleriyle bağlantılı vergilerin doğru bir şekilde belirlenmesi ve transfer fiyatlandırması uygulamalarının emsallere uygunluk ilkesi doğrultusunda gerçekleştirilmesi için gerekli olabilecek bilgilerdir.
2. Şirketler; vergi yönetimini ve vergi uyumunu, kapsamlı risk yönetim ve denetim sistemlerinin önemli unsurları olarak görmelidir. Özellikle de yönetim kurulları; vergilendirme ile ilişkili finansal risklerin, düzenlemelerin ve şirket itibarına yönelik risklerin tam olarak tanımlanmasını ve değerlendirilmesini sağlamak için vergi riski yönetimi stratejileri benimsemelidir.

XI. Bölüm: Vergilendirme Hakkında Açıklamalar

123. Vergilendirme alanında tüzel kişilik, şirketlerin faaliyet gösterdikleri ülkelerdeki vergi kanunlarının ve düzenlemelerinin lafzına ve ruhuna uymasını, makamlarla işbirliği içinde olmasını ve kanunun gerekli kıldığı bilgilerin makamlara sağlamasını ifade etmektedir. Bir şirket; kanun koyucunun niyetini belirlemek için makul adımlar atarsa ve bu vergi kurallarını yasalarda kullanılan dil ve çağdaş yasama tarihi ışığında, söz konusu niyetle tutarlı bir şekilde yorumlarsa, vergi yasalarının ve düzenlemelerinin ruhuna uymuş olur. İşlemler; işlemlerin altında yatan ekonomik sonuçlarla tutarsız vergi sonuçları doğuracak şekilde yapılandırılmamalıdır. Bu durumun tek istisnası, bu sonuçların doğması için özel olarak tasarlanmış bir mevzuat bulunmasıdır. Böyle bir durumda, şirketin, işlemin kanun koyucunun niyetlerine aykırı olmayan bir vergi sonucu verecek şekilde yapılandırıldığına inanmak için makul bir nedeni olmalıdır.

124. Vergi uyumu; aynı zamanda vergi makamları ile işbirliği içinde, vergi kanununun etkili ve adil bir şekilde uygulanması için makamların gerekli gördüğü bilgilerin sağlanmasını da içerir. Bu tür bir işbirliği kapsamında, bir vergi anlaşmasının veya bilgi alışverişi anlaşmasının hükümleri uyarınca, yetkili bir makam tarafından yapılan bilgi taleplerine zamanında ve eksiksiz bir şekilde yanıt verilmelidir. Öte yandan, bilgi sağlama taahhüdü, sınırsız değildir. *Rehberde* sunulması gereken bilgiler ile yürürlükteki vergi kanunlarının uygulanması arasında bağlantı kurulmaktadır. Bu kapsamda yürürlükteki vergi kanunlarına uymaya çalışan şirketlerin üzerindeki yükü dengeleme ihtiyacı ile vergi makamlarının vergi kanunlarını uygulamak için gerek duyduğu doğru bilgiye eksiksiz ve zamanında erişim ihtiyacı arasında bir denge gözetilir.

125. Şirketlerin işbirliği, şeffaflık ve vergi uyumu taahhütleri; risk yönetim sistemlerine, yapılarına ve politikalarına entegre edilmelidir. Şirketlerin kurumsal bir yasal yapıya sahip olması durumunda, yönetim kurulları, vergi riskini çeşitli şekillerde denetleyebilecek konumdadır. Örneğin yönetim faaliyetlerinin yönetim kurulunun vergi riski konusundaki görüşleri ile uyumlu olabilmesi için yönetim kurulları hem uygun vergi politikası ilkelerini pro-aktif olarak geliştirmeli hem de dâhili vergi denetim sistemi kurmalıdır. Kurul, olası tüm önemli vergi riskleri hakkında bilgilendirilmelidir. Dahili vergi denetiminin yürütülmesinden ve sonuçların kurula rapor edilmesinden sorumlu görevliler atanmalıdır. Vergiyi içeren kapsamlı bir risk yönetimi stratejisi,

şirketin bilinçli bir tüzel kişi olarak hareket etmesini sağlamanın yanı sıra vergi riskinin etkili bir şekilde yönetilmesine de olanak sağlayacaktır. Böylece şirket ciddi mali risklerden, düzenlemelerle ilgili risklerden ve itibar riskinden kaçınabilecektir.

126. Vergi şeffaflığı, bir ülkenin vergi sisteminin dürüstlüğünü destekler. Şirketler için vergi yasalarının lafzına ve ruhuna uyum sağlamanın ve göstermenin önemli bir yoludur. Bir ülkedeki çok uluslu şirket grubu üyesinin diğer ülkelerdeki aynı çok uluslu şirket grubu üyeleri ile çok yoğun ekonomik ilişkileri olabilir. Bu ilişkiler tarafların her birinin vergi yükümlülüklerini etkileyebilir. Bu nedenle, vergi idareleri bu ilişkileri değerlendirebilmek ve kendi yargı alanlarındaki çok uluslu şirket grubu üyesinin vergi yükümlülüğünü belirleyebilmek için kendi yargı alanı dışında kalan bilgilere ihtiyaç duyabilir. Yine, sağlanacak bilgiler; çok uluslu şirket grubu üyelerinin vergi yükümlülüklerini doğru şekilde belirleyebilme amacı doğrultusunda söz konusu ekonomik ilişkilerin değerlendirilmesi için gerekli olan veya kanunların gerektirdiği bilgilerle sınırlı olacaktır. Çok uluslu şirketler bu tür bilgilerin sağlanması konusunda işbirliği yapmalıdır. OECD/G20 Matrah Aşındırma ve Kâr Aktarımına (BEPS) İlişkin Kapsayıcı Çerçeve projesi çerçevesindeki bir dizi eylem şeffaflığı arttırmayı amaçlamaktadır. Örneğin bu kapsamda Ülke Raporlarının (*Country-by-Country Reports*) hazırlanması ve paylaşılması (BEPS Eylem 13), vergi mükelleflerine özgü kararlar hakkında zorunlu ve spontane bilgi alışverişi (BEPS Eylem 5) ve agresif vergi planlarına ilişkin zorunlu açıklama kuralları (BEPS Eylem 12) gibi eylemler yer almaktadır.

127. Transfer fiyatlandırması; tüzel kişilikler ve vergilendirme açısından özel bir önem taşıyan bir konudur. Küresel ticaret ve sınır ötesi doğrudan yatırım hacmindeki ciddi artış (ve bu ticari işlemlerde ve yatırımlarda çok uluslu şirketlerin önemli bir rol üstlenmesi) nedeniyle, transfer fiyatlandırması, çok uluslu şirket grubu üyelerinin vergi yükümlülüklerinin belirlenmesi için daha önemli bir unsur hâline gelmiştir. Çünkü çok uluslu şirketlerin faaliyet gösterdiği ülkeler arasında vergi matrahının dağılımını önemli ölçüde etkilemektedir. Hem OECD Model Vergi Anlaşması'nda hem de BM'nin Gelişmiş ve Gelişmekte Ülkeler Arasında Çifte Vergilendirmenin Önlenmesi Model Anlaşması'nda öngörülen emsallere uygunluk ilkesi, birbirlerine bağlı şirketler arasındaki kârların düzenlenmesi için uluslararası alanda kabul görmüş bir standarttır. Emsallere uygunluk ilkesinin uygulanması, kâr veya zararların usulsüz bir şekilde yansıtılmasını önler ve çifte vergilendirme riskini asgari düzeye indirir. Bu ilkenin doğru bir şekilde uygulanması, çok uluslu şirketlerin vergi makamlarıyla işbirliği yapmalarını gerektirir. Bu ilke doğrultusunda, çok uluslu şirketler, kendilerinin ve kendileriyle ilişkili tarafların yürüttükleri uluslararası işlemler için benimsedikleri transfer fiyatlandırması yönteminin seçimi konusunda kanunların gerektirdiği bilgileri veya gerekli olan tüm bilgileri sağlamalıdır. Transfer fiyatlandırmasının, emsallere uygunluk ilkesini yeterince yansıtıp yansıtmadığını belirlemek hem çok uluslu şirketlerin hem de vergi idareleri için zordur. Bu ilkenin uygulanmasının bilimsel bir kesinlik taşımadığı kabul edilmektedir.

128. OECD Mali İşler Komitesi, transfer fiyatlandırmasının emsallere uygunluk ilkesini yansıtmasını sağlamak üzere öneriler geliştirmek için çalışmaya devam etmektedir. Komite'nin çalışmaları sonucunda, *Bağlı Şirketler Arasındaki Transfer Fiyatlandırmasının Belirlenmesine ilişkin OECD Tavsiyesi [OECD/LEGAL/0279]*) uyarınca 1995 yılında Çok Uluslu Şirketler ve Vergi Yönetimi İçin OECD Transfer Fiyatlandırması Rehberi (OECD Transfer Fiyatlandırması Rehberi yayımlanmıştır (Çok uluslu şirketler grubu üyeleri, normal koşullarda bağlı şirketler tanımı içinde yer almaktadır). *OECD Transfer Fiyatlandırması Rehberi*; transfer fiyatlandırması ile ilgilenen vergi idareleri ile vergi mükelleflerinin deneyimlerini ve küresel ekonomide yaşanan değişimleri yansıtmak amacıyla düzenli olarak güncellenmektedir. Daha da önemlisi, Konsey Tavsiyesi, 2017 yılında revize edilmiştir. Bu değişiklikler; BEPS paketinin Konsey tarafından onaylandığının duyurulmasını ve OECD Üyeleri dışında Transfer Fiyatlandırması Rehberi'nin etkisini arttırmayı amaçlamaktadır. Rehberin zamanında uygulanmasını desteklemek suretiyle, hükümetlere ve vergi mükelleflerine, Transfer Fiyatlandırması Rehberi'nde yapılacak değişikliklerin durumu hakkında daha fazla netlik ve yasal kesinlik sağlanması da hedeflenmiştir. Vergi anlaşması kapsamında ev sahibi Devletin vergilendirme haklarını belirlemek amacıyla, emsallere uygunluk ilkesinin daimî işyeri kârlarına uygulanması, 2008'de kabul edilen OECD Konsey Tavsiyesi'nde ele alınan konulardan biridir.

129. *OECD Transfer Fiyatlandırması Rehberi*, bağlı şirketlerin transfer fiyatlandırmasını gözden geçirmek için emsallere uygunluk ilkesini uygulamasına odaklanmaktadır. Rehber; transfer fiyatlandırması sorunlarına karşılıklı olarak tatmin edici çözümler getirerek (OECD üyesi olan ve olmayan ülkelerin) vergi idarelerine ve çok uluslu şirketlere yardımcı olmayı amaçlamaktadır. Hem vergi idarelerinin kendi aralarındaki anlaşmazlıkları hem de vergi idareleri ile çok uluslu şirketler arasındaki anlaşmazlıkları azaltmayı ve maliyeti yüksek davalardan kaçınmayı hedeflemektedir. Çok uluslu şirketler; belirledikleri transfer fiyatlandırmasının emsallere uygunluk ilkesini yansıtmasını sağlamak amacıyla, ekleri ve değişiklikleri ile birlikte *OECD Transfer Fiyatlaması Rehberi*'ne riayet etmeye davet edilmektedir.

130. Çok uluslu şirket grupları için geçerli olan uluslararası vergi mimarisinin tutarlılığı ve bütünlüğü, OECD/G20 BEPS Projesi vasıtasıyla güçlendirilmiştir. Özellikle de Matrah Aşındırma ve Kâr Aktarımının Önlenmesi için Vergi Antlaşması ile İlgili Önlemlerin Uygulanmasına İlişkin Çok Taraflı Sözleşme *[OECD/LEGAL/0432]* vergiden kaçınma ile mücadele etmek ve uluslararası vergi kurallarının tutarlılığını arttırmak için bir dizi önlemin uygulanmasını kolaylaştırmaktadır. Sözleşme; sözleşmenin kötüye kullanılmasından kaçınılması ve uyuşmazlık çözümünün iyileştirilmesi için asgari standartları da içermektedir. Bu sistemin başarısı; olumlu ilişkiler ağına, işbirliğine ve karşılıklılık ilkesine dayanmaktadır.

II. Bölüm: Çok Uluslu Şirketler için Sorumlu İş Yönetimine İlişkin OECD Rehberini Uygulama Yöntemleri

Çok Uluslu Şirketler için Sorumlu İş Yönetimine İlişkin Rehber Hakkında Konsey Kararı

KONSEY,

14 Aralık 1960 tarihli *Ekonomik İşbirliği ve Kalkınma Teşkilatı Sözleşmesi*'nin 5 a) Maddesini **DİKKATE ALARAK;**

Üye Ülkelerin ve Üye Olmayan Ülkelerin ("KATILIMCI TARAFLAR") kendi topraklarında veya kendi toprakları üzerinden faaliyet gösteren çok uluslu şirketlere *Çok Uluslu Şirketler için Sorumlu İş Yönetimine İlişkin Rehbere ("Rehber")* uymalarını müştereken tavsiye ettikleri *OECD Uluslararası Yatırımlar ve Çok Uluslu Şirketler Deklarasyonu'nu* ("Deklarasyon") [OECD/LEGAL/0144] **GÖZ ÖNÜNDE BULUNDURARAK;** https://legalinstruments.oecd.org/en/instruments/OECD-LEGAL-0144

Çok uluslu şirketlerin faaliyetleri dünya geneline yayıldığından, Deklarasyonla ilgili konularda uluslararası işbirliğinin tüm ülkeleri kapsaması gerektiğini **KABUL EDEREK;**

Bu *Rehberde* ele alınan konularda istişareler yapılması için usuller geliştirmenin gerekli olduğunu ve Rehberın etkinliğini teşvik etmenin arzu edildiğini **DİKKATE ALARAK;**

Yatırım Komitesi'nin teklifi üzerine:

AŞAĞIDAKİ HUSUSLARDA KARARA VARMIŞTIR:

I. Sorumlu İş Yönetimi için Ulusal Temas Noktaları

1. Katılımcı devletler; *Rehberin* etkinliğini arttırmak amacıyla Sorumlu İş Yönetimi için Ulusal Temas Noktaları (UTN'ler) oluşturacaktır. UTN'ler,

   a) Rehberle ilgili farkındalığı arttırmak suretiyle *Rehberin* benimsenmesini teşvik edeceklerdir. Bu kapsamda yöneltilen sorulara da yanıt vereceklerdir.

   b) Belirli durumlarda *Rehberin* uygulanmasıyla ilgili olarak ortaya çıkan sorunların çözümüne katkıda bulunacaklardır.

Buna ek olarak, uygun olduğunda, ilgili kamu kurumlarıyla koordinasyon içinde, devletlerin sorumlu iş yönetimini teşvik etmek için politikalar geliştirmelerine, bu politikaları uygulamalarına ve politikalar arasındaki tutarlılığı arttırmalarına da destek sağlayabilirler.

İş dünyasına, işçi örgütlerine, sivil toplum kuruluşlarına ve diğer ilgili taraflara, UTN'lerin mevcudiyeti hakkında bilgi verilecektir.

2. Farklı Katılımcı devletlerdeki UTN'ler, bu tür bir ihtiyaç ortaya çıkarsa, faaliyetleriyle ilgili olarak *Rehber* ile ilgili herhangi bir konuda işbirliği yapacaktır. Genel bir uygulama olarak, diğer UTN'lerle iletişim kurulmadan önce ulusal düzeyde müzakereler başlatılmalıdır.

3. UTN'ler deneyimlerini paylaşmak ve Yatırım Komitesi'ne rapor vermek için düzenli olarak bir araya geleceklerdir.

4. Katılımcı devletler; ulusal bütçe önceliklerini ve uygulamalarını dikkate alarak, Ulusal Temas Noktalarının sorumluluklarını bu Karar'ın ekindeki Yöntemlerde açıklanan etkililik kriterlerini tam olarak karşılayacak yerine getirebilmeleri için gereken insan kaynaklarını ve finansal kaynakları temin edecektir.

5. Katılımcı devletler, Sorumlu İş Yönetimi Çalışma Grubu (WPRBC) tarafından benimsenen yöntemler doğrultusunda, UTN'lerinin periyodik akran değerlendirmelerini üstlenecektir.

II. Yatırım Komitesi ve Sorumlu İş Yönetimi Çalışma Grubu

1. Yatırım Komitesi ("Komite"), Uluslararası Yatırımlar ve Çok Uluslu Şirketler Deklarasyonu'nun uygulanmasını denetleyecektir. Çalışma Grubu, Rehberle ilgili sorumlulukları bağlamında Deklarasyon'un I. Bölümü'nün uygulanmasında Komite'ye yardımcı olacaktır.

2. Komite, düzenli olarak veya katılımcı bir ülkenin talep etmesi durumunda, Rehber kapsamındaki konular ve uygulamalardan edinilen deneyimler hakkında görüş alışverişinde bulunacaktır. Komite; OECD İşveren ve Sanayi Danışma Komitesi (BIAC), OECD İşçi Sendikaları Danışma Komitesi'ni (TUAC) ("İstişare Organları") ve diğer uluslararası paydaşları *Rehber* kapsamındaki konularda görüşlerini dile getirmeleri için düzenli bir şekilde görüşmelere davet edecektir. Bunun yanı sıra, onlarla talepleri üzerine de bu konularda görüş alışverişinde bulunulabilir.

3. Komite, *Rehbere* uygun olarak dünya çapında sorumlu iş yönetimini teşvik etmek ve eşitlikçi şartlar oluşturmak için *Rehberin* kapsadığı konularda Katılımcı olmayan ülkelerle de ilişkiler kuracaktır. Aynı zamanda, *Rehbere* özel ilgi duyan, *Rehberdeki* ilke ve standartları teşvik eden, fakat Katılımcı olmayan diğer devletlerle de işbirliği yapmaya çalışacaktır.

4. Komite; *Rehberle* ilgili hususların açıklığa kavuşturulmasından sorumlu olacaktır. Açıklama talebine neden olan belirli vakalarda ilgili taraflara, görüşlerini sözlü veya yazılı olarak ifade etme fırsatı verilecektir. Bununla birlikte, Komite, belirli bir şirketin yönetimi hakkında sonuçlara varmayacaktır.

5. Komite, *Rehberin* etkinliğinin ve Ulusal Temas Noktalarının işlevsel denkliğinin arttırılması amacıyla, Ulusal Temas Noktalarının faaliyetlerine yönelik görüş alışverişinde bulunacaktır.

6. Komite, *Rehberin* kapsadığı konularda Konsey'e düzenli olarak rapor verecektir. Raporlarında UTN'lerin raporlarının yanı sıra danışma organları (BIAC ve TUAC), OECD Watch, diğer uluslararası paydaşlar ve uygun olduğunda Katılımcı olmayan devletler tarafından ifade edilen görüşleri de dikkate alacaktır.

7. Komite, UTN'lerle işbirliği içinde, şirketlerin *Rehberde* yer alan ilke ve standartlara etkin bir şekilde uymasını aktif olarak teşvik edecektir. Özellikle de *Rehber* bağlamında çok uluslu şirketlerin katkılarını teşvik etmek için danışma organları (BIAC ve TUAC), OECD Watch, diğer uluslararası kuruluşlar ve diğer paydaşlarla işbirliği yapma fırsatlarını araştıracaktır. Böylece sürdürülebilir kalkınmanın sağlanması amacıyla ekonomik, çevresel ve sosyal ilerlemeye katkıları teşvik edecektir. Belirli ürünler, bölgeler, sektörler veya endüstrilerle ilişkili olumsuz etki risklerinin belirlenmesine ve bunlara yanıt verilmesine yardımcı olmayı amaçlayacaktır.

III. Kararın Uygulanması ve Gözden Geçirilmesi

1. Bu Kararın ekindeki Uygulama Yöntemleri'nde, bu Kararı uygulama sürecinde Taraflar, UTN'ler, Komite ve Çalışma Grubu için mevcut beklentiler, öneriler ve rehberlik sunulmaktadır.

2. Bu Karar düzenli olarak gözden geçirilecektir. Komite, bu amaç doğrultusunda önerilerde bulunacaktır. Sorumlu İş Yönetimi Çalışma Grubu bu önerileri geliştirip Komite'ye sunabilir.

Uygulama Yöntemleri

I. Sorumlu İş Yönetimi için Ulusal Temas Noktaları

Sorumlu İş Yönetimi için Ulusal Temas Noktalarının (UTN'ler) görevi, Rehberin daha etkin bir şekilde uygulanmasını sağlamaktır. UTN'lerin çalışma şekli, aşağıda belirtilen ilkelere uygun olacaktır:

1. Görünürlük,
2. Erişilebilirlik,
3. Şeffaflık,
4. Hesap verebilirlik,
5. Tarafsızlık ve hakkaniyet,
6. Öngörülebilirlik ve
7. *Rehbere* uygunluk.

Bu ilkeler, hep birlikte UTN'ler için temel etkinlik kriterlerini oluşturmaktadır. UTN'ler, kendi özel koşullarını göz önünde bulundurarak temel etkinlik kriterlerini yerine getirmek suretiyle işlevsel denklik (*functional equivalence*) hedefine ulaşmaya çalışacaktır. İşlevsel denklik, tüm UTN'lerin eşdeğer bir etkinlik derecesiyle görevlerini yerine getirmesi anlamına gelir.

A. Kurumsal düzenlemeler

UTN'lerin işlevsel denkliğini ve *Rehberin* etkinliğini arttırma hedefleriyle tutarlı olarak, Katılımcılar, temel etkinlik kriterlerini yerine getirmek için UTN'lerini organize etme esnekliğine sahiptir. Hükümetler, UTN'leri ile ilgili kurumsal düzenlemeleri yaparken uygun olduğunda toplumsal paydaşların ve diğer paydaşların yanı sıra diğer ilgili kamu kurumlarının da aktif desteğini talep edecektir.

Bu doğrultuda UTN'ler:

1. *Rehber* kapsamında yer alan çok sayıda mevzuyu ele almak üzere etkin bir temel sağlayacak şekilde ve UTN'ye katılımcı ülkeye karşı makul seviyede bir sorumluluk getirirken, aynı zamanda tarafsız bir şekilde faaliyette bulunmasına imkan verecek şekilde oluşturulacak ve organize edilecek, Katılımcı devlete karşı yeterli düzeyde hesap verme sorumluluğuna sahip olmayı sürdürecektir
2. Paydaşların güvenini korumanın önemi göz önünde bulundurularak, temel etkinlik kriterlerini karşılamak ve işlevsel denkliği sağlamak için farklı organizasyon biçimleri kullanılabilir. Örneğin, bir UTN; üst düzey bir hükümet yetkilisinden veya üst düzey bir yetkili tarafından yönetilen bir hükümet ofisinden oluşabilir; üst düzey yetkililerden oluşan veya onlar tarafından yönetilen kurumlar arası veya bakanlıklar arası bir yapı şeklinde düzenlenebilir; hükümet, iş dünyası, işçi örgütleri ve diğer sivil toplum kuruluşları temsilcilerinden (çok paydaşlı) ve/veya bağımsız uzmanlardan oluşabilir. Hükümetler, UTN'ye görevlerinde yardımcı olmak için faydalı olduğunda, iş dünyasından, işçi örgütlerinden ve diğer sivil toplum kuruluşlarından temsilcileri danışma ya da gözetim organlarına dâhil etmeye teşvik edilmektedir.

3. *Rehberin* etkinliğine katkıda bulunabilecek iş dünyası, sendikalar ve ilgili diğer tarafların temsilcileri ile ilişkiler geliştirecek ve bu ilişkileri sürdürecektir.

B. Bilgilendirme ve Tanıtım

UTN'ler, aşağıda belirtilen faaliyetleri yürütecektir:

1. Çevrimiçi yollar da dâhil olmak üzere uygun yollarla ve ulusal dillerde *Rehberin* tanıtılmasını ve erişilebilir olmasını sağlayacaktır. Bunun yanı sıra, *Rehberin* II. Bölümüne ilişkin Açıklamaların 15. paragrafında belirtildiği üzere, Rehberin özel niteliğini dikkate alarak, sorumlu iş yönetimine ilişkin ilgili OECD Teknik Değerlendirme Rehberi'nin kullanılmasını teşvik etmelidir. Gerektiğinde potansiyel yatırımcılar (ülkeye gelen ve ülkeden çıkan yatırımlar) da dâhil olmak üzere ilgili paydaşlara *Rehber* hakkında bilgi verilmelidir.
2. UTN'ler *Rehber* ve Rehberin uygulama yöntemleri hakkında, gerektiğinde ilgili kamu kurumları, iş dünyası, sendikalar, diğer sivil toplum kuruluşları ve ilgili kamu kesimi ile işbirliği yaparak farkındalık yaratacaktır.
3. Çeşitli kuruluşların ve kişilerin Rehber, OECD Teknik Değerlendirme Rehberi ve UTN'nin kendisi hakkındaki sorularına yanıt verecektir. Bu kapsamda aşağıda belirtilen kurum ve kişilerden gelen sorulara da yanıt verilecektir:
   a) diğer UTN'ler;
   b) iş dünyası, işçi örgütleri, diğer sivil toplum kuruluşları, halk ve
   c) katılımcı olmayan ülkelerin hükümetleri.

C. Özel Durumlarda Uygulama

UTN, adli olmayan bir şikayet mekanizması olarak hizmet vererektir. Belirli durumlarla ilgili vakalarda, *Rehberin* uygulanmasıyla ilgili olarak ortaya çıkan sorunların yukarıda Bölüm I.A.'da listelenen temel etkinlik kriterleriyle tutarlı bir şekilde çözüme kavuşturulmasına katkıda bulunacaktır. UTN'ler, vakaları ele alma usullerini, diğer bir deyişle belirli durumları ele alırken izledikleri prosedürleri, bu Yöntemlere uygun bir şekilde yayımlayacaktır. UTN'lerin vakaları ele alma prosedürlerini geliştirirken paydaşlarına danışmaları teşvik edilmektedir. UTN; iş dünyasının, işçi örgütlerinin, diğer sivil toplum kuruluşlarının ve ilgili diğer tarafların gündeme getirilen sorunları etkin, zamanında ve yürürlükteki yasalara ve *Rehbere* uygun bir şekilde çözmelerine yardımcı olmak için *Rehber* hakkında bir tartışma forumu ve uzmanlık sağlayacaktır. Her vakanın özelliklerine bağlı olarak, sağlanacak destek; yapıcı diyaloğu desteklemeyi, taraflar arasında anlaşmaya varılmasını kolaylaştırmayı ve/veya tavsiyelerde bulunmayı içerebilir. Bu tür bir destek, *Rehberin* gelecekte daha iyi uygulanmasını sağlamayı ve/veya olumsuz etkileri *Rehbere* uygun bir şekilde ele almayı da amaçlayabilir.

Söz konusu destek sağlanırken, UTN:

1. Vakanın özellikleri nedeniyle konunun diğer UTN'leri de ilgilendirdiği durumlarda, lider ve destekleyici UTN'leri seçmek için iyi niyetli bir şekilde koordinasyon sağlayacaktır.
2. İleri sürülen sorunların daha fazla incelemeyi gerektirip gerektirmediği konusunda ilk değerlendirmeyi yapacak ve sürece dahil olan taraflara yanıt verecektir.
3. Sorunların daha fazla incelemeyi gerektirmesi durumunda, meseleleri çözmek üzere ilgili taraflara "arabuluculuk hizmeti" (*good offices*) sunmayı teklif edecektir. Bu amaçla, UTN, söz konusu taraflara danışacak ve gerektiğinde:
   a) ilgili kurumların ve/veya iş dünyası temsilcilerinin, sendikaların, diğer sivil toplum kuruluşlarının ve konuyla ilgili uzmanların görüşlerine başvuracaktır.
   b) İlgili diğer ülkedeki veya ülkelerdeki UTN'lere danışacaktır.
   c) *Rehberin* yorumlanması konusunda şüpheleri bulunduğunda, Sekretarya'dan benzer durum vakaları hakkında bilgi alacak veya Sorumlu İş Yönetimi Çalışma Grubu'ndan rehberlik talebinde

bulunacaktır. Bu tür bilgiler ve rehberlik tavsiye niteliğinde, gizli ve vakaya özgü olup *Rehberin* yorumlanmasına ilişkin açıklama sayılmaz. Zira söz konusu açıklamaların yapılması, aşağıdaki Bölüm II.2.c) uyarınca Komite'nin sorumluluğundadır.

d) Kaynakların mevcudiyetine bağlı olarak, vakanın ele alınmasıyla ilgili gecikmeleri önlemek için söz konusu rehberlik hızlı bir şekilde sağlanmalıdır.

e) Tarafların kabul etmesi hâlinde, UTN, sorunların çözümünde yardım etmek üzere, uzlaştırma ve arabuluculuk gibi karşılıklı anlaşmaya bağlı ve ihtilaf içermeyen yöntemlerin kullanılmasını önerecek ve bu yöntemlere erişimi kolaylaştıracaktır.

4. İşlemleri sonuçlandırma aşamasında ve ilgili taraflarla istişarelerde bulunduktan sonra, hassas ticari bilgileri ve diğer paydaş bilgilerini koruma ihtiyacını da dikkate alarak, işlemlerin sonuçlarını kamuoyuna duyurmak üzere aşağıda belirtilen nihai açıklamayı yayımlayacaktır:

a) Dile getirilen sorunların ilave inceleme gerektirmediğine karar verilmesi hâlinde yapılacak açıklama: Bu açıklamada, en azından dile getirilen konular, gerektiğinde tarafların ilgili görüşleri, tarafların başvurusunu ve sürece katılımını göz önünde bulundurarak atılan adımlar ve alınan kararının gerekçeleri beyan edilmelidir.

b) Taraflar gündeme getirilen konular üzerinde bir anlaşmaya vardıklarında: Açıklamada en azından, gündeme getirilen konular, tarafların ilgili pozisyonları, UTN'nin taraflara yardımcı olmak için attığı adımlar ve anlaşmaya ne zaman varıldığı belirtilmelidir. Sözleşmenin içeriğine ilişkin bilgiler, yalnızca ilgili taraflar bunu kabul ettiği takdirde açıklamaya dâhil edilecektir. UTN ayrıca, uygun olduğu şekilde, bir anlaşmaya varıldığında, *Rehberin* uygulanmasına ilişkin tavsiyeleri de açıklamalarına dâhil edebilir.

c) Anlaşmaya varılamaması hâlinde veya taraflardan birinin işlem süreçlerine katılım konusunda gönülsüz olması hâlinde yapılacak açıklama: Bu durumda en azından gündeme getirilen konular, tarafların ilgili pozisyonları, UTN'nin gündeme getirilen konuların daha fazla incelemeyi gerektirdiğine ilişkin kararının gerekçeleri ve tarafların işlemlere katılımı hakkında bilgiler de dâhil olmak üzere UTN'nin taraflara yardım etmek için attığı adımlar açıklanmalıdır. UTN, ilgili durumlarda *Rehberin* uygulanmasına ilişkin tavsiyeleri de açıklamaya dâhil etmelidir. Uygun olduğunda, açıklama, bir anlaşmaya varılamamasının nedenlerini de içerebilir. Yürürlükteki yasaların ve UTN'nin vaka prosedürlerinin izin vermesi durumunda, UTN, kendi takdirine bağlı olarak, nihai açıklamasında şirketin Rehbere uyup uymadığına ilişkin görüşlerini belirtebilir.

UTN, belirli durum vakalarının sonuçlarını Komite'ye ve Sorumlu İş Yönetimi Çalışma Grubu'na zamanında bildirecektir.

5. Belirli bir vaka dosyası kapandıktan sonra, UTN; tavsiyelerin uygulanmasını veya varsa taraflarca varılan anlaşmanın sonuçlarını takip edecektir. Takip çalışmalarına ilişkin bir açıklama da yayımlamalıdır. UTN'nin yapmayı planladığı herhangi bir takip; takip çalışmaları için son tarihlerle birlikte, nihai açıklamada belirtilmelidir.

6. UTN, şeffaflık ilkesine uygun bir şekilde hareket edecek ve belirli durum vakasının taraflarına, özellikle de arabuluculuk aşamasında, diğer taraflarca UTN'nin dikkatine sunulan tüm gerçekler ve argümanlar hakkında bilgi verecektir. Bununla birlikte, bir tarafın makul bir talebi üzerine, örneğin hassas bilgileri ve/veya belirli bir vakada yer alan paydaşların çıkarlarını korumak için, belirli bilgileri diğer taraflardan gizli tutabilir.

7. Paylaşımda bulunan katılımcı devletin paylaştığı bilgilerin açıklanmasını kabul ettiği durumlar, bu tür gerçeklerin ve argümanların hâlihazırda kamuoyuna açık olduğu durumlar veya bu bilgilerin açıklanmamasının ulusal kanun hükümlerine aykırı düşeceği durumlar hariç, UTN; yukarıdaki paragraflar 1-5 kapsamında açıklanan işlemler sırasında ve sonrasında, diğer taraflar veya UTN tarafından (ilgili olduğunda harici bir arabulucu veya uzlaştırıcı tarafından paylaşılan bilgiler de dâhil olmak üzere) paylaşılan gerçekleri ve argümanları kamuoyuna veya üçüncü bir tarafa ifşa edemeyecekleri konusunda taraflara bilgi verecektir.

8. Katılımcı olmayan devletlerde sorunlar ortaya çıktığında, UTN, ilgili sorunları anlamak için adımlar atacak ve bu uygulama yöntemlerine bağlı kalacaktır.
9. Süreç boyunca, UTN'ler, belirli durum vakasının taraflarına yönelik karşı misilleme risklerini ele almak için kapasiteleri dâhilinde gereken tüm uygun adımları atmalıdır. Fiili veya potansiyel bir misilleme durumunun farkına varırlarsa, mümkün olduğu ölçüde, ilgili tarafın herhangi bir zarardan kaçınmasını ve zararı hafifletmesini desteklemeli ve mümkün olduğunda risk altındaki kişiye ya da kişilere danışarak ilgili makamlarla iletişime geçmelidir. Bunun yanı sıra, hükümetler de UTN'yi ve üyelerini misillemelerden korumak için gereken adımları atmalıdır.

D. Sorumlu iş yönetimini teşvik etmeye yönelik hükümet çabalarının desteklenmesi

UTN'ler, *Rehberin* etkinliğini arttırmak için uygun olduğunda ve ilgili kamu kurumlarıyla koordinasyon içinde, hükümetlerinin sorumlu iş yönetimini teşvik etmeyi amaçlayan politikalar geliştirme, uygulama ve politikalar arasında tutarlılığı arttırma çabalarını destekleyebilir. Bu tür bir desteğin sağlanması veya talep edilmesi hâlinde, UTN'nin kaynakları ve *Karar*'ın I.1 paragrafında açıklanan sorumluluklarını yerine getirme kapasitesi dikkate alınmalıdır.

E. Raporlama

1. Her UTN, Komite'ye ve Sorumlu İş Yönetimi Çalışma Grubu'na yıllık olarak rapor verecektir.
2. Raporlar, belirli durum vakaları da dâhil olmak üzere, UTN'nin faaliyetlerinin niteliği ve sonuçları hakkında bilgileri içermelidir.

F. Akran değerlendirmeleri

Katılımcılar; *Rehberin* daha etkili bir şekilde uygulanmasını sağlamak, iyi uygulamaları paylaşmak, UTN'lerin etkinliğini ve işlevsel denkliğini teşvik etmek için UTN'lerine ilişkin periyodik akran değerlendirmeleri yürüteceklerdir. Söz konusu çalışmalar, Sekretarya tarafından organize edilecektir. Akran değerlendirmelerini yürütme usulleri, akran değerlendirme döngüsünün süresi ve finansman düzenlemeleri de dâhil olmak üzere periyodik akran değerlendirmelerinde kullanılacak yöntemler Sorumlu İş Yönetimi Çalışma Grubu tarafından onaylanacak ve her döngünün sonunda gözden geçirilecektir. Periyodik akran değerlendirmelerinin ilk döngüsü, ancak bu tür yöntemler onaylandıktan sonra başlatılacaktır.

II. Yatırım Komitesi, Sorumlu İş Yönetimi Çalışma Grubu ve Sekretarya

1. Komite, Sorumlu İş Yönetimi Çalışma Grubu ve Sekretarya; her biri kendi sorumluluklarına uygun olarak, belirli durum vakalarında *Rehberin* yorumlanmasına ilişkin şüpheler de dâhil olmak üzere, UTN'lerin faaliyetlerini yürütürken yaptıkları yardım taleplerini dikkate alacaktır.

2. Komite; Çalışma Grubu'nun yardımıyla, *Rehberin* etkinliğini arttırmak ve UTN'lerin işlevsel denkliğini teşvik etmek amacıyla:

a) Yukarıda I.E bölümde açıklanan ve UTN'ler tarafından sunulan yıllık raporları dikkate alacaktır. Bu tür raporlara dayanarak, Çalışma Grubu, her yıl UTN'lerin faaliyetlerini analiz eden bir kamu raporu yayımlayacaktır.

b) Bir UTN'nin belirli durum vakalarını ele almasıyla ilgili sorumluluklarını yerine getirip getirmediğini belirlemek için Katılımcı bir ülke, bir danışma organı (BIAC veya TUAC) veya OECD Watch tarafından yapılan ve doğrulanmış başvuruları dikkate alacaktır. Komite, cevabını, oy birliği ile onaylayacaktır. UTN'si ile ilgili doğrulanmış bir başvurunun konusu olan Katılımcı ülke, sürece iyi niyetle katılacaktır ve istisnai durumlar dışında Katılımcının da oy birliğine katılması beklenmektedir.

c) Komite; bir Tarafın, bir danışma organının (BIAC veya TUAC) veya OECD Watch kuruluşunun talebi üzerine *Rehberin* yorumuna açıklık getirme seçeneğini göz önünde bulunduracaktır. Bu tür bir talep, bir UTN'nin belirli durum vakalarında *Rehberi* doğru bir şekilde yorumlayıp yorumlamadığıyla ilgili olabilir. Öte yandan, bu gibi durumlarda, Komite, belirli bir şirkete özgü yönetim şekilleri ve davranışlar hakkında sonuçlara varmayacaktır;

d) UTN'lerin işleyişini ve *Rehberin* etkili bir şekilde uygulanmasını iyileştirmek için gerektiğinde önerilerde bulunacaktır. Komite; son iki yıllık raporlama döngüsüne ve Çalışma Grubu'nun önerisine dayanarak, bir UTN'nin uzun bir süre boyunca ve meşru bir neden olmaksızın, bu Uygulama Yöntemlerine uygun bir şekilde faaliyet göstermediğinin açık olduğu durumlarda, Katılımcı ülkeye uygun tavsiyelerde bulunabilir ve Katılımcı ülkeyi belirli bir zaman dilimi içinde rapor vermeye davet edebilir. Komite, sorunların ele alındığına kanaat getirene kadar bunu tekrar tekrar yapabilir. Komite ve Çalışma Grubu bu konularda oy birliği ile karar alacaktır. Söz konusu UTN'nin bulunduğu Katılımcı ülke, sürece iyi niyetle katılacaktır ve istisnai durumlar dışında Katılımcı ülkenin de oy birliğine katılması beklenmektedir.

e) Komite; uluslararası paydaşlarla işbirliği yapacaktır.

f) *Rehberde* ele alınan konularda ve bunların uygulanmasında ilgili olarak, Katılımcı olmayan ilgili ülkelerle ilişkiler kuracaktır.

3. Komite ve Çalışma Grubu; *Rehber* kapsamındaki herhangi bir konuda uzmanlardan tavsiye isteyebilir ve bu tavsiyeleri değerlendirebilir. Bu amaçla, Komite, uygun prosedürlere karar verecektir.

4. Komite ve Çalışma Grubu, sorumluluklarını etkin bir şekilde ve zamanında yerine getireceklerdir.

5. Sekretarya; Komite'nin ve Çalışma Grubu'nun sorumluluklarını yerine getirmesine yardımcı olacaktır. Komite'nin ve Çalışma'nın genel rehberliğinde ve Kuruluşun Çalışma ve Bütçe Programı doğrultusunda, Komite'ye ve Çalışma Grubu'na aşağıdaki şekillerde destek sağlayacaktır:

a) Sekretarya; Rehberin tanıtımı, yorumlanması ve uygulanması hakkında soruları olan UTN'ler için bilgi merkezi görevini görecektir. Yukarıdaki paragraf I.C.2.c) uyarınca *Rehberin* yorumlanmasına ilişkin bilgiler sağlanacaktır.

b) Sekretarya; UTN'lerin kurumsal düzenlemeleri, tanıtım faaliyetleri ve belirli durum vakalarında *Rehberin* uygulanması ile ilgili son eğilimler ve ortaya çıkan uygulamalar hakkında gerekli bilgileri toplayacak ve kamuoyuna duyuracaktır. Yukarıdaki II.2.a) kapsamında UTN faaliyetlerini analiz eden yıllık raporun yayımlanması konusunda Çalışma Grubu'nun desteklenmesi de bu kapsamda yer alır. Sekretarya, belirli durum vakaları hakkında güncel bir veri tabanının oluşturulmasını ve sürdürülmesini desteklemek için birleşik raporlama formatları geliştirecek ve bu belirli durum vakalarını düzenli olarak analiz edecektir.

c) Akran öğrenme faaliyetlerinin yanı sıra, özellikle yeni Katılımcıların UTN'leri ve yeni UTN personeli için Rehber ve Uygulama Yöntemleri hakkında kapasite geliştirme çalışmalarını ve eğitimleri kolaylaştıracaktır. Söz konusu eğitimler, uzlaşmanın ve arabuluculuğun teşviki ve kolaylaştırılması gibi konuları da içerecektir.

d) Sekretarya; Yukarıdaki Bölüm I.F.'de belirtildiği üzere, UTN'lerin periyodik akran değerlendirmelerini organize edecektir.

e) Uygun olduğunda UTN'ler arasındaki işbirliği kurulmasını kolaylaştıracaktır.

f) *Rehberi* ilgili uluslararası forumlarda ve toplantılarda tanıtmak ve Katılımcı olmayanlar ülkelerde Rehber hakkında farkındalık yaratmak için yürütülen çalışmalar kapsamında UTN'lere ve Komite'ye destek sağlayacaktır.

III. Çeşitli Hükümler

Bu Uygulama Yöntemleri, uluslararası hukuk kapsamında ilave haklara veya yükümlülüklere yol açmaz.

Uygulama Yöntemlerine İlişkin Yorumlar

1. Konsey Kararı; Katılımcı devletlerin, *Rehber* metninde yer alan tavsiyelerin uygulanması konusunda ilerleme sağlama taahhüdünü temsil eder. Uygulama Yöntemleri, Konsey Kararı'na eklenmiştir. Katılımcılar, Sorumlu İş Yönetimi için Ulusal Temas Noktaları (UTN'ler), Yatırım Komitesi (Komite), Sorumlu İş Yönetimi Çalışma Grubu (WPRBC) ve Sekretarya ile ilgili beklentiler, tavsiyeler ve diğer kılavuz ilkeler; Yöntemlerde ana hatlarıyla ele alınır. Uygulama Yöntemleri, uluslararası hukuk kapsamında ilave haklara veya yükümlülüklere yol açmaz. Beklentiler, gelecek zaman kipi ('-ecek/-acak') kullanılarak belirtilir. Tavsiyeler ise '-meli/malı' gereklilik kipi veya 'teşvik edilmektedir' ifadesi kullanılarak dile getirilir. Kılavuzluk 'yapılabilir' veya 'yapılması mümkündür" şeklinde yeterlilik fiilleriyle ya da ihtimal bildiren ifadeler ile sağlanır.

2. Konsey Kararı'nda UTN'ler bağlamında, Katılımcı devletlerin *Rehber* ile ilişkili temel sorumlulukları aşağıda belirtilmektedir:

- Katılımcılar devletler; UTN'lerin kurulmasından ve ilgili taraflara *Rehberle* ilişkili olanaklar hakkında bilgi verilmesinden sorumludur.
- UTN'lere gerekli insan kaynaklarını ve mali kaynakları sunarlar.
- Farklı Katılımcı devletlerdeki UTN'lerin gerektiğinde birbirleriyle işbirliği yapmalarını sağlarlar.
- UTN'lerin düzenli olarak toplanmasını ve Komite'ye rapor vermesini sağlarlar.

3. Konsey Kararı'nda Komite'nin Rehbere ilişkin sorumlulukları da belirlenir. Bu sorumluluklardan bazıları aşağıda belirtilmektedir:

- *Rehber* ile ilgili konularda görüş alışverişinde bulunmak.
- Gerektiğinde açıklamalar yapmak.
- UTN'lerin faaliyetleri hakkında görüş alışverişinde bulunmak.
- OECD Konseyi'ne *Rehber* hakkında rapor vermek

4. Yatırım Komitesi, *Rehberin* işleyişini denetlemekten sorumlu OECD organıdır. Bu sorumluluk yalnızca *Rehber* için değil, aynı zamanda Deklarasyon'un tüm unsurları için de geçerlidir (Ulusal Muamele Belgesi, Uluslararası Yatırıma Yönelik Teşvikler, Engeller ve Çelişkili Şartlar ile ilgili belgeler). Komite; Deklarasyon'daki her bir unsura saygı duyulmasını, tüm unsurların anlaşılmasını, hepsinin birbirini tamamlamasını ve birbirleriyle uyumlu çalışmasını sağlamayı amaçlar.

5. Sorumlu İş Yönetimi Çalışma Grubu; Komite'nin organlarından biri olup *Rehber* ve Karar ile ilgili sorumluluklara sahiptir. Uygulama Yöntemlerinde, Çalışma Grubu'nun Komite'ye destek sağladığı bir dizi yol listelenir. Bunlara aşağıda belirtilen yollar da dâhildir:

- UTN'lerin, diğer UTN'ler tarafından düzenli olarak değerlendirmelerini sağlamak için yöntemler geliştirmek, Sekretarya tarafından bu değerlendirmeler için yapılan organizasyon faaliyetlerini denetlemek ve değerlendirme raporlarını onaylamak;
- Belirli durumlarda *Rehberin* yorumlanmasıyla ilgili soruları olan UTN'lere tavsiye niteliğinde rehberlik sağlamak;

- *Rehberin* açıklığa kavuşturulması için kanıta dayalı başvurular ve talepler hakkında Komite yanıtlarını hazırlamak;
- UTN'si uzun bir süredir, meşru bir neden bulunmaksızın açıkça işlevsiz kalan Katılımcı devlete önerilerde bulunması için Komite'ye tavsiyede bulunmak;
- UTN'lerin yıllık raporlarını dikkate alarak ve UTN faaliyetleri hakkında yıllık bir kamu raporu yayımlayarak Komite'yi desteklemek.

6. Kararda Katılımcı olmayan devletler için sorumlu iş yönetiminin öneminin arttığına işaret edilmektedir. *Rehberin* kapsadığı konularda, Katılımcı olmayan devletlerin katılımına ve işbirliğine yönelik hükümler sağlar. Bu hükümler; Rehberde yer alan standartların, ilkelerin ve uygulama yöntemlerinin anlaşılmasını teşvik etmek için Komite'nin Katılımcı olmayan devletlerle özel toplantılar düzenlemesine olanak sağlar. Komite, OECD'nin ilgili uygulama yöntemleri doğrultusunda, Katılımcı olmayan devletleri toplantılarına davet edebilir ve onların sorumlu iş yönetimiyle ilgili özel faaliyetlere veya projelere katılımını sağlayabilir.

7. Komite; *Rehberin* etkin bir şekilde uygulanmasını aktif olarak teşvik etmek amacıyla, UTN'lerle işbirliği yapacaktır. Bunun yanı sıra danışma organları (BIAC ve TUAC), OECD Watch ve diğer uluslararası paydaşlarla işbirliği yapma fırsatlarını da araştıracaktır. Özellikle de, Deklarasyon'un uygulanmasını denetleme çalışması kapsamında, Sorumlu İş Yönetimi Çalışma Grubu'nun desteğiyle, belirli sektörler, coğrafyalar ve risk alanları da dâhil olmak üzere şirketlere sorumlu iş yönetimine yönelik teknik değerlendirme çalışmaları konusunda rehberlik sağlayacak ve şirketlerin bu konuda kapasitelerini arttırmaya çalışacaktır. Söz konusu çalışmalar, *diğer araçların yanı sıra*, çok paydaşlı katılım yoluyla yürütülecektir. UTN'lerle işbirliği içinde küçük ve orta ölçekli şirketlerin ihtiyaçları da dikkate alınacaktır. Bu bağlamda aşağıdaki 21. Paragrafta UTN'ler için daha fazla rehberlik sunulmaktadır.

I. UTN'ler için Uygulama Yöntemlerine İlişkin Açıklamalar

8. UTN'ler, *Rehberin* etkinliğini arttırma konusunda önemli bir role sahiptir. *Rehberin* günlük faaliyetlerinde uygulanışını gözlemleme sorumluluğu şirketlere ait olsa da, hükümetler ve UTN'ler, *Rehberin* daha etkili bir şekilde uygulanmasına katkıda bulunabilirler. Bu amaçla, düzenli toplantılar yapılmasının ve Komite denetiminin gerekliliği de dâhil olmak üzere UTN'lerin organizasyonu ve faaliyetleri için daha iyi bir yönlendirme sağlamanın gerekli olduğu konusunda anlaşmaya varmışlardır.

9. Karar kapsamındaki Uygulama Yöntemlerinde belirtilen görev ve faaliyetlerin çoğu yeni değildir. Bunlar, yıllar içinde elde edilen deneyimleri ve geliştirilen tavsiyeleri yansıtmaktadir. Söz konusu faaliyetler ve görevler netleştirilerek *Rehberi* uygulama mekanizmalarından beklenen işleyiş daha şeffaf hâle getirmektedir. Tüm görevler, UTN'lerle ilgili Uygulama Yöntemlerinin aşağıda belirtilen altı bölümünde özetlenmiştir: kurumsal düzenlemeler, bilgi ve tanıtım, belirli durum vakaların, hükümetlerin sorumlu iş yönetimini teşvik etme çabalarının desteklenmesi, raporlama ve akran değerlendirmeleri.

10. Söz konusu altı bölümden önce, UTN'ler için temel etkinlik kriterleri ile birlikte UTN'lerin temel amacını ortaya koyan bir giriş paragrafına yer verilmektedir. UTN'leri düzenleme biçimleri konusunda hükümetlere esneklik tanınmakla birlikte, UTN'lerin tümü; 'işlevsel denklik' olarak tanımlanan eşdeğer bir etkinlik derecesiyle görevlerini yürütmelidir. İşlevsel denklik, özellikle de tüm UTN'lerin belirli durum mekanizmasına tam katılımı ile ilgili olarak, tüm UTN ağının *Rehberin* uygulanmasına etkin katkısı açısından çok önemlidir. Tüm UTN'lerin bu tür bir katılımı, paydaşların güveni ve UTN'lerin kuruldaki tam etkinliği açısından önem taşır. Tüm UTN'ler, her biri kendine özgü koşullar doğrultusunda, sorumluluklarını yerine getirirken aşağıda açıklanan temel etkinlik kriterlerini yerine getirerek işlevsel denkliği muhafaza edecektir. Bu da Komiteye ve Çalışma Grubu'na akran değerlendirmelerinde ve UTN'lerin işleyişini ele alan tartışmalarda yardımcı olacaktır.

UTN Faaliyetlerinde İşlevsel Denklik için Temel Etkinlik Kriterleri:

a. Görünürlük

Katılımcı devletler; Karar doğrultusunda, ülke içindeki ve dışındaki paydaşlar ile ilgili kamu kurumları tarafından kolayca tespit edilebilen UTN'ler kurmayı kabul eder. Bunun yanı sıra *Rehberin* uygulanması için UTN'lerle ilişkili olanakların mevcudiyeti hakkında iş dünyası, işçi örgütleri ve STK'lar da dâhil olmak üzere diğer ilgili tarafları bilgilendirmeyi taahhüt eder. Bu bağlamda temel bir adım olarak, UTN'ler için kapsamlı bir internet sitesi veya internet sayfası oluşturulacaktır. Hükümetlerden UTN'leri hakkında bilgileri (UTN'lerin hükümetteki konumları, ilgili kurumsal düzenlemeler ve vakaları ele alma prosedürleri gibi) yayımlamaları ve Rehberin tanıtımında aktif rol almaları beklenmektedir. Söz konusu çalışmalar, tanıtım etkinliklerini ve materyallerini de içerebilir. Bu etkinlikler veya materyaller, her durumda tüm grupların katılımı zorunlu olmasa da iş dünyası, işgücü temsilcileri, STK'lar ve diğer ilgili taraflarla işbirliği içinde hazırlanabilir.

b. Erişilebilirlik

UTN'lere kolay erişim, UTN'lerin etkili işleyişi açısından önem taşır. Bu kapsamda, iş dünyasının, işgücünün, STK'ların ve halkın UTN'lere erişiminin kolaylaştırılması gerekir. UTN'ler tüm meşru bilgi taleplerine yanıt vermeli ve ayrıca belirli durum vakalarını etkin bir şekilde ve zamanında ele almayı taahhüt etmelidir. UTN'ler bir başvuru ücreti talep etmeyecek ve vaka dosyası açmak için gerekli şartları açıkça belirtecektir. Bu şartlar, kolaylıkla erişilebilir olacak ve gereksiz yere külfetli olmayacaktır. Uygun olduğunda ve UTN'nin yeterli zamanı ve bütçesi bulunduğunda, UTN'ler, ilgili taraflara tarafsız ve adil yardım da sağlayabilir. Bu tür bir yardım, örneğin, dillerin ve çevirilerin kullanımı, kabul edilebilir bir başvuru yapma ve arabuluculuk konusunda rehberlik, son tarihler konusunda esnekliğe izin verme veya uzaktan toplantı olanakları gibi uygun maliyetli katılım seçeneklerinin sağlanmasını içerebilir.

c. Şeffaflık

Şeffaflık, diğer temel etkinlik kriterlerine katkıda bulunur. Bunun yanı sıra paydaşların, belirli durum vakası taraflarının ve genel olarak halkın güvenini kazanmak açısından önemli bir kriterdir. Bu nedenle, genel bir ilke olarak ve yürürlükteki yasalar doğrultusunda, UTN'nin faaliyetleri şeffaf olacaktır. Örneğin, UTN'lerin OECD'ye sunduğu yıllık raporlarını yayımlaması şeffaflık ilkesine uygunluğu ortaya koyabilir. Bununla birlikte, belirli durum vakası örneklerinde, UTN'ler; Uygulama Yöntemleri ve ilgili Açıklamaların I.C.6.-7. Bölümü doğrultusunda, işlemlerin belirli yönlerinin gizli kalmasını sağlayabilir.

d. Hesap Verebilirlik

Rehberin daha iyi tanınmasını sağlama rolleri ve şirketler ile şirketlerin faaliyet gösterdikleri topluluklar arasındaki sorunların yönetimine yardımcı olma potansiyelleri ışığında, UTN'ler; faaliyetleri ile ilgili hesap verme sorumluğuna sahip olacaklardır. Ulusal düzeyde, UTN'lerin mevcut oldukları yerlerde meclisler, hükümetler, danışma organları ve paydaşlar; UTN'lerin faaliyetleri hakkında geribildirim sağlayabilirler ve UTN'lerin performansını iyileştirebilirler. Yıllık raporlar ve UTN'lerin düzenli toplantıları, akran öğrenme faaliyetleri ve akran değerlendirmeleri; deneyimleri paylaşma ve UTN'lerle ilgili "iyi uygulamaları" teşvik etme fırsatı sağlayacaktır. Bunların yanı sıra, Komite ve Sorumlu İş Yönetimi Çalışma Grubu, UTN faaliyetlerinin etkinliğini değerlendirmek için görüş ve deneyim alışverişinde bulunacaktır.

e. Tarafsızlık ve hakkaniyet

Tarafsız ve adil olmak; paydaşların, belirli durum vakası taraflarının ve genel olarak halkın güveninin devam etmesi için ön koşuldur. Bu doğrultuda, hükümetler UTN'lerini, UTN'lerin tarafsız ve adil bir şekilde hareket etmelerine ve algılanmalarına olanak sağlayacak şekilde organize edeceklerdir. UTN'ler, belirli bir durum vakasında ortaya çıkan sorunların çözümünde taraflara yardımcı olmak için üzere tarafsızlığı sağlayacaktır. Bu kapsamda UTN adına görev alacak herhangi bir kişinin potansiyel veya algılanan çıkar çatışmalarına müdahil olması aktif bir şekilde önlenmeli ve ele alınmalıdır. UTN'ler ayrıca, özellikle açık ve erişilebilir vaka prosedürleri aracılığıyla, tarafların sürece adil ve eşit şartlarda dâhil olmalarını sağlamaya çalışmalıdır. Örneğin güç ve kaynak dengesizliklerinin tarafların sürece etkin bir şekilde katılımını engellemesini önlemeye çalışmalıdır veya prosedürle ilgili bilgi kaynaklarına makul erişim sağlamalıdır.

f. Öngörülebilirlik

UTN'lerin faaliyetleri kapsamında, özellikle de belirli durum vakalarının çözüme kavuşturulmasında, sorumluluklarını yerine getirirken izledikleri prosedürler ve UTN'lerin rolleri hakkında net ve kamuya açık bilgiler sağlanacaktır. Bu tür bilgilerin sağlanması gereken alanlar aşağıda belirtilmektedir:

- Arabuluculuk (*good offices*) sağlanması,
- Tahmini uygulama takvimleri ve ilk değerlendirme için kriterler de dâhil olmak üzere belirli durum sürecinin aşamaları,
- İyi niyet ve gizlilik ile ilgili beklentiler,
- Sürecin özellikleri, olası sonuçları ve
- UTN'lerin taraflar arasında varılan anlaşmalarda veya UTN tarafından yapılan tavsiyelerin uygulanmasını izlemede oynayabileceği rol.

UTN'ler, net ve erişilebilir şartlara sahip vaka prosedürlerini yayımlayacaktır. Özellikle de aşağıdaki 51 ve 52. paragraflarda ele alınan tahmini uygulama takviminde öngörülen sürelerde uzatma yapılması gerektiğinde, vakayla ilgili ilerlemeler konusunda tarafları düzenli olarak bilgilendirecektir.

g. *Rehbere* uygunluk

UTN'ler; faaliyetlerini Rehbere uygun bir şekilde yürüteceklerdir. Bu kapsamda, belirli durum vakalarını ele alırken, özellikle de anlaşmaların Rehbere ters düşebileceği veya vaka prosedürlerinin Uygulama Yöntemleriyle çatışabileceği herhangi bir durumdan kaçınmak için taraflarla birlikte çalışmalıdır.

Kurumsal düzenlemeler

11. UTN kurumsal düzenlemeleri; UTN'nin temel etkinlik kriterlerini yerine getirmesini, uygulanabilir olduğunda toplumsal paydaşların ve diğer paydaşların güvenini korumasını ve *Rehberin* kamu nezdindeki itibarını desteklemesini sağlayacaktır. Karar ve Uygulama Yöntemleri kapsamında, UTN'ler ile ilgili kurumsal düzenlemelere karar verme konusunda Katılımcı devletlere esneklik sağlanarak başvurulabilecek seçeneklerden bazıları belirlenmektedir. Bunun yanı sıra, beklentilerin karşılanması için gereken asgari özellikler (üst düzey liderlerin katılımı, yeterli insan kaynaklarının ve finansal kaynağın tahsis edilmesi, Rehber kapsamındaki konularda uzmanlığa yeterli erişim gibi) listelenmektedir. Hükümetler, ulusal bağlamlarına uygun olarak UTN'leri için farklı bir isim kullanma esnekliğine de sahiptir. UTN'ye olan güveni arttırmak için hükümetler, bir UTN'ye ilişkin kurumsal düzenlemeleri önemli ölçüde etkileyebilecek kararlar alırken paydaşlara danışmalıdır.

12. Hükümetlerin UTN'leri için seçtikleri yapıdan bağımsız olarak, gerektiğinde UTN'lere görevlerinde yardımcı olacak, çok paydaşlı danışma veya gözetim organları kurmaları da teşvik edilmektedir.

13. UTN'lerin etkinliği ve yetkisi için yeterli kaynak bulunması gerekir. Karar kapsamında Katılımcıdevletlerin, UTN'nin sorumluluklarını, etkinlik kriterlerini tam olarak karşılayacak şekilde yerine getirmesi için gerekli insan kaynaklarını ve mali kaynakları sağlamaları şart koşulmaktadır. Katılımcılar; uygun olduğunda özel bir bütçe kapsamında, bu tür kaynakları UTN'lerin kullanımına sunmaları için teşvik edilmektedir. Personel rotasyonu durumunda, Katılımcı devletler, sürekliliği sağlamalıdır. Bu kapsamda, gerektiğinde, Sekretarya'nın desteğiyle yeni personele uygun eğitimler verilebilir ve kurumsal hafızanın korunması sağlanabilir.

14. UTN'ler; bileşimleri ne olursa olsun, paydaşların aktif desteğini ve güvenini kazanmak için ilgili kamu kurumlarının, iş dünyasının, işçi örgütlerinin, sivil toplum kuruluşlarının ve diğer ilgili tarafların temsilcileriyle anlamlı ilişkiler geliştirecek ve bu ilişkileri sürdürecektir.

Bilgilendirme ve Tanıtım

15. UTN'lerin bilgilendirme ve tanıtımla ilişkili görevleri; paydaşların ve genel olarak halkın UTN'ye ve Rehbere ilişkin farkındalığını arttırmak ve şirketleri Rehbere uygun hareket etmeye ve bunu yaparken OECD teknik değerlendirme rehberini kullanmaya teşvik etmek açısından önemlidir.

16. UTN'lerin Rehberi aktif bir şekilde tanıtmaları gerekmektedir. Özellikle bu tür kılavuzlara ilişkin Konsey Tavsiyelerinde önerildiği şekilde ve Rehberin II. Bölümüne ilişkin Açıklamaların 15. paragrafında belirtildiği şekilde, Rehberin özel niteliğini de dikkate alarak, ilgili durumlarda OECD teknik değerlendirme rehberini de tanıtmaları teşvik edilmektedir. Paydaşlara veya kuruluşlara tanıtım materyallerin sağlanması veya sorumlu iş yönetimine ilişkin etkinliklere katılım, tanıtım faaliyetlerine örnek olarak verilebilir. OECD, diğer UTN'ler veya ilgili aktörler tarafından düzenlenen ve sorumlu iş yönetimini ele alan etkinlikler de tanıtılabilir. UTN tarafından yürütülen tanıtım faaliyetleri ve ilgili bilgiler, ulusal dillerde ve çevrimiçi yollar da dâhil olmak üzere uygun yollarla kolaylıkla erişilebilir olmalıdır. Sorumlu iş yönetimine ilişkin rehberin ve OECD teknik değerlendirme rehberinin bağlantılarına UTN'nin internet sitesi üzerinden erişilebilmelidir. İngilizce ve Fransızca versiyonlar, OECD Sekretaryası'ndan temin edilebilir.

17. Uygun olduğunda, UTN'ler; yukarıda belirtilen faaliyetleri yürüterek çeşitli paydaşların temsilcilerine bu bilgileri adil bir şekilde sunmaya çalışacaktır. Uygulama Yöntemleri kısmında, örnek olarak ülke içindeki ve dışındaki potansiyel yatırımcılardan söz edilmektedir. UTN'lerin ayrıca, Rehberi tanıtmak ve diğer ülkelerdeki paydaşlar da dâhil olmak üzere, UTN hakkında farkındalığı arttırabilecek ilgili kamu kurumlarına ve diplomatik ağlara ulaşmaları da teşvik edilmektedir. Bir UTN'nin bağlamına ve kaynaklarına bağlı olarak paydaş haritaları ve tanıtım planları, UTN'nin tanıtım çabalarının kapsamını ve etkisini arttırmaya yardımcı olabilir.

18. UTN'ler temel etkinlik kriterleri doğrultusunda sorumlulukları ve faaliyetleri hakkında da bilgi sağlamalıdır. UTN'ler, mümkün ve uygun olduğunda, belirli durum vakaları ile ilgili potansiyel başvuru sahipleri de dâhil olmak üzere, belirli durum vakalarında oynadıkları rollere ilişkin bilgileri de ilgili paydaşlara sunmalıdır. Bu kapsamda, belirli bir durumla ilgili başvuruda bulunurken veya bir başvuruyu yanıtlarken tarafların izlemesi gereken süreç hakkındaki bilgiler, belirli bir durum vakasına ilişkin başvuruda bulunmak için gereken bilgiler hakkında tavsiyeler, gizlilik de dâhil olmak üzere tarafların belirli durum vakalarına katılımıyla ilgili şartlar, UTN tarafından izlenecek süreçler ve tahmini uygulama takvimleri hakkında bilgiler verilmelidir.

19. Rehber hakkında farkındalık yaratma çabaları kapsamında, UTN'ler; ilgili kamu kurumları, iş dünyası temsilcileri, işçi örgütleri, sivil toplum kuruluşları ve diğer ilgili taraflar da dâhil olmak üzere çeşitli kuruluşlarla ve bireylerle işbirliği yapacaktır. Bu tür kuruluşlar; Rehberin tanıtımında önemli bir rol oynayabilir. Söz konusu kuruluşların kurumsal ağları, bu amaçla kullanılırsa, UTN'lerin bu konudaki çabalarını büyük ölçüde arttıracak tanıtım fırsatları sağlayabilir.

20. UTN'lerden beklenen bir diğer temel faaliyet, meşru soruşturmalara yanıt vermektir. Bu konuda dikkat edilmesi gereken üç grup seçilmiştir: i) diğer UTN'ler (Karar'daki bir hüküm doğrultusunda); ii) iş dünyası, işçi örgütleri, diğer sivil toplum kuruluşları ve kamuoyu ve iii) Katılımcı olmayan devletler.

21. Rehberin uygulanışını proaktif olarak teşvik etme sürecinde Komite'yi ve Sorumlu İş Yönetimi Çalışma Grubu'nu desteklemek için, UTN'ler; aşağıda belirtilen amaçlar doğrultusunda, toplumsal paydaşlar ve diğer paydaşlarla toplantılar düzenleyerek ilgili paydaşlarla düzenli olarak temas kurmalıdır:

a) UTN'ler, sorumlu iş yönetimiyle ilgili yeni gelişmeleri ve ortaya çıkan uygulamaları dikkate almalıdır.

b) Şirketlerin ekonomik, sosyal ve çevresel ilerlemeye yapabilecekleri katkıları desteklemelidir.

c) Belirli ürünler, bölgeler, sektörler veya endüstrilerle ilişkili reklam etkilerinin risklerini belirlemek ve bunlara yanıt vermek için uygun olduğunda işbirliğine dayalı girişimlere katılmalıdır.

Akran eğitimi

22. UTN'ler; Komite ve Çalışma Grubu tarafından Rehberin etkinliğini arttırmak için yürütülen çalışmalara katkıda bulunmanın yanı sıra, ortak akran eğitimi faaliyetlerinde bulunacaktır. Bu türden eğitimler, OECD'deki toplantılar veya UTN'ler arasında doğrudan işbirliği yoluyla gerçekleştirilebilir.

Akran Değerlendirmeleri

23. Akran değerlendirmeleri; *Rehberin* daha etkili bir şekilde uygulanmasını sağlamak, iyi uygulamaları paylaşmak ve işlevsel denkliği teşvik etmek için önemli bir mekanizmadır. Karar'da belirtildiği üzere, Katılımcı devletler, UTN'leri için düzenli olarak akran değerlendirmelerini üstlenmeyi taahhüt ederler. Sekreterya, Sorumlu İş Yönetimi Çalışma Grubu'nun gözetimi altında bu tür akran değerlendirmelerinin organizasyonunu gerçekleştirecektir. Akran değerlendirmeleri kapsamında, Uygulama Yöntemlerinin I. Bölümünde tanımlanan temel etkinlik kriterleri doğrultusunda, UTN'nin görevlerini yerine getirmesi bağlamında güçlü ve zayıf yönleri değerlendirilir ve uygun şekilde iyileştirmeler sağlanması için önerilerde bulunulur.

24. Düzenli akran değerlendirmelerinden kullanılacak yöntemler (süreç, değerlendirme döngüsünün süresi ve finansman düzenlemeleri), Çalışma Grubu tarafından oy birliği ile onaylanacak ve OECD'nin İnternet Sitesinde yayımlanacak 'UTN Akran Değerlendirmeleri Temel Şablonu'nda tanımlanacaktır. Çalışma Grubu; her döngünün sonunda Temel Şablonu gözden geçirecektir. Bu gözden geçirmenin amaçları şunlardır: özellikle de UTN'lere akran değerlendirmelerini hazırlamaları için yeterli zaman verilmesini sağlamak, akran değerlendirmelerinin makul olmayan bir yük oluşturmasını önlemek, değerlendirmelerin hükümetler ve UTN'ler (değerlendirici akran UTN'ler de dâhil olmak üzere) için uygun maliyetli olmasını sağlamak, Çalışma Grubu'nun ve Sekretaryanın iş yüklerini dikkate almak ve akranlarını değerlendirecek UTN'leri seçme sürecinde tüm UTN'lere akran değerlendirme ekiplerine katılma fırsatı sunulmasını sağlamak. Düzenli akran değerlendirmeleri döngüsü; söz konusu yöntemler, Sorumlu İş Yönetimi Çalışma Grubu tarafından onaylanana kadar başlamayacaktır.

25. Spesifik MeselelerSpesifik meselelerde Rehberin uygulanmasına ilişkin sorunlar ortaya çıktığında, UTN'den adli olmayan (*non-judicial*) bir şikâyet mekanizması olarak hareket ederek bu sorunların çözümüne yardımcı olması beklenmektedir. Bu bağlamda, UTN'ler; taraflar arasındaki diyaloğu kolaylaştırmayı ve tarafların gündeme getirilen sorunlara karşılıklı olarak kabul edilebilecek ve *Rehberle* uyumlu çözümler aramalarını desteklemeyi amaçlayacaktır. Aynı zamanda, Rehber konusundaki uzmanlıkları doğrultusunda taraflar arasındaki diyaloğu aktif bir şekilde yönlendirecektir. Bunun yanı sıra nihai açıklamalar, sorunların çözülmesi ve *Rehberin* uygulanması konularında rehberlik sağlayacak şekilde hazırlanmalıdır. Sorumlu İş Yönetimine İlişkin OECD Uyum Rehberi ve OECD'nin sektörlere yönelik teknik değerlendirme rehberleri; UTN'lerin *Rehberi* anlamak ve tanıtmak için başvurabilecekleri yararlı kaynaklardır, ancak bunlar; spesifik meselelere ilişkin başvuruların sunulması için başvurulabilecek yegâne kaynaklar değildir. Her UTN; bu Uygulama Yöntemleri doğrultusunda, belirli durum vakalarını ele alırken kendi izledikleri süreçleri özetleyen, kolay erişilebilir ve net vaka prosedürlerini yayımlayacaktır. UTN'ler, vaka prosedürlerini paydaşlara danışarak geliştirmeleri için teşvik edilmektedir.

İyi Niyetli Katılım

26. Belirli durum vakası süreci, gönüllülük esasına dayalıdır. Bu sürece dâhil olan tüm tarafların, işlemlere iyi niyetli bir şekilde katılması beklenmektedir. Bu bağlamda iyi niyetli katılım; sorulara zamanında yanıt vermeyi, gerektiğinde UTN'nin vaka prosedürleri doğrultusunda gizliliği korumayı, özellikle kamuoyuyla iletişim kurarken sorunları ve süreci yanlış temsil etmekten kaçınmayı, prosedüre dâhil olan taraflara veya UTN'nin kendisine yönelik tehditlerde veya misillemede bulunmaktan kaçınmayı gerektirir. Bu kapsamda UTN tarafından yapılan herhangi bir arabuluculuk teklifinin ciddi bir şekilde dikkate alınması da gerekir. Dolayısıyla iyi niyetli katılım, ortaya çıkan sorunlara Rehbere uygun bir çözüm bulmak amacıyla işlemlere iyi niyetli bir şekilde katılmak anlamına gelir.

27. Bir UTN; spesifik meselede yer alan bir kişiye ya da UTN'ye veya üyelerinden birine yönelik misilleme tehdidinin veya mevcudiyetinin farkına varırsa, risk altındaki kişinin yeterli korumaya sahip olmasını ve işlemlerin güvenli, erişilebilir, adil ve tarafsız bir şekilde devam edebilmesini sağlamak amacıyla, kendi kapasitesi dâhilinde, diplomatik temsilcilikler gibi diğer ilgili kamu makamlarına danışarak gereken adımları atmalıdır. Bu konuda herhangi adım atmadan önce, UTN, mümkün olduğunda risk altındaki kişiye danışacaktır. Misillemeler; bireye, ailesine veya ilişkide bulunduğu diğer kişilere zarar vermeye yönelik tehditleri, istihdamı veya ek faydaları sona erdirmeye yönelik uygunsuz tehditleri ya da usulsüz yasal işlem tehditlerini içerebilir. Uygun önlemler; örneğin, risk altındaki kişinin kimliğini gizli tutmayı, risk altındaki kişinin güvenilir bir üçüncü tarafça temsil edilmesini önermeyi, misilleme girişimlerini açıklamalar kapsamında belgelemeyi, ilgili makamlara ulaşmayı ya da bunu yaparken risk altındaki kişiye yardımcı olmayı içerebilir

28. Bunlara ek olarak, erişilebilirliği ve tarafsızlığı korumak için hükümetler; UTN'yi ve UTN üyelerini ulusal hukuka uygun olarak ve yetkili devlet makamlarına danışarak misillemelerden korumak için uygun adımları atmalıdır. Hükümetler, UTN'nin, kendisini ve üyelerini korumak için aldığı önlemleri desteklemelidir.

Spesifik meselelerde UTN'ler Arasındaki Koordinasyon

29. *Rehberde* Katılımcı devletlerin "kendi topraklarında ya da kendi toprakları üzerinden faaliyet gösteren" şirketler ele alındığından, UTN'ler, ülkelerinde meydana gelen sorunlarla veya alternatif olarak ülkelerinde kurulan şirketlerle ilgili sorunlarla ilgili vaka başvurularını alabilir. Bu kapsamda, spesifik meselelerin bazıları, birden fazla Katılımcı ülkenin UTN'sini ilgilendiriyor olabilir, örneğin:

- Belirli bir durumun farklı menşe ülkelerle ve farklı ev sahibi katılımcı ülkelerle ilgili olduğu durumlarda (örn. merkezi Katılımcı bir devlette bulunan, fakat başka bir Katılımcı devlete etkileri olan bir şirketle ilgili vakalar veya birden fazla Katılımcı devlette farklı merkezlere sahip bir şirketin faaliyetlerine ilişkin vakalar);
- Belirli bir durumda ortaya çıkan sorunların birden fazla Katılımcı devlette gerçekleştiği durumlar veya birden fazla Katılımcı devletten kurulan birden fazla şirketi ilgilendiren durumlar;
- Aynı belirli durumun veya ilgili belirli durumların (aynı projede veya aynı tedarik zincirinde yer alan farklı şirketleri içeren vaka örnekleri gibi) birden fazla UTN'ye sunulduğu durumlar.

Bu gibi durumlarda, vaka ya da vakalarla ile ilgili başvuruları alan UTN (ler); lider UTN'yi ve destekleyici UTN'leri belirlemek ve koordinasyon düzenlemeleri yapmak amacıyla, ilk baştan diğer tüm ilgili UTN'leri bilgilendirecek ve koordine edecektir.

30. Genel olarak, sorunların ortaya çıktığı ülkenin UTN'si lider UTN olacaktır. Bununla birlikte, bazı durumlarda başka kriterler de uygulanabilir. Örneğin gündeme getirilen sorunların çözümüne katkıda bulunmak için gerektiğinde veya Katılımcı olmayan bir devlette sorunlar ortaya çıktığında farklı kriterlerin uygulanması mümkündür. Koordinasyon düzenlemeleri konusunda taraflara bilgi verilmelidir. Vakanın, başvurunun yapıldığı UTN'den farklı bir lider UTN'ye devredilmesi söz konusu olduğunda, alınacak kararlarla ilgili olarak taraflara danışılmalıdır.

31. Lider UTN, belirli bir duruma ilişkin vaka sürecinin tüm yönlerinden sorumludur ve bu süreçte kendi vaka prosedürlerini uygulayacaktır. Vaka süreci boyunca, destekleyici UTN'ler gelişmelerden haberdar edilecektir. Destekleyici UTN'ler; örneğin beyanları/raporları gözden geçirebilir, çeviri hizmetleri sunabilir, taraflarla ortak toplantıları destekleyebilir ve uygulamaya dönük diğer yardımlar vasıtasıyla kaynak sağlayabilir. İlgili tüm UTN'ler, belirli bir duruma ilişkin vakanın çözümünü teşvik etmek için iyi niyetle hareket ederek diğer UTN'lerden alınan bilgi ve materyalleri uygun bir şekilde kullanacak ve bilgilerin gizliliğini koruyacaktır.

32. UTN'ler, lider ve destekleyici UTN'lerin seçimi ve aralarındaki koordinasyon ile ilgili hususları tartışırken yardım isteyebilirler. Bu kapsamda Çalışma Grubu Başkanından öneriler de alabilirler. UTN'ler

fikir birliğine varamadığı takdirde, belirli durum vakasını alan UTN (ler), ilgili diğer UTN'lere danışarak vaka hakkında nihai bir karar vermeli ve vakanın ilerleyişi hakkında onları düzenli olarak bilgilendirmelidir.

İlk Değerlendirme

33. UTN; gündeme getirilen sorunlar hakkında taraflara danıştıktan sonra ve gerekli durumlarda, yukarıdaki 29-32. paragraflar ışığında lider bir UTN belirlemek için ilgili diğer UTN'lerle koordinasyon sağladıktan sonra, gündeme getirilen sorunun daha fazla inceleme gerektirip gerektirmediğine dair ilk değerlendirmeyi yapacaktır.

Bu ilk değerlendirmeyi yaparken, UTN, aşağıda belirtilen hususları dikkate alacaktır:

- İlgili tarafın kimliği ve konuyla ilgisi;
- Konunun önemli olup olmadığı, diğer bir deyişle Rehberin uygulanışıyla ilgili olup olmadığı ve doğrulanıp doğrulanmadığı, diğer bir deyişle yeterli ve güvenilir bilgilerle desteklenip desteklenmediği;
- Şirketin *Rehber* kapsamına girip girmediği;
- Şirketin faaliyetleri ile belirli bir durumda ortaya çıkan sorun arasında bir bağlantının bulunup bulunmadığı;
- Yürürlükteki yasaların ve/veya paralel işlemlerin, UTN'nin aşağıdaki 35. paragraf ışığında konunun çözümüne ve/veya *Rehberin* uygulanmasına katkıda bulunma kapasitesini sınırlama derecesi;
- Konunun incelenmesinin *Rehberin* amaçlarına ve etkinliğine katkıda bulunup bulunmayacağı.

34. UTN, ilk değerlendirmenin ardından, ilgili taraflara yanıt verecektir. Konunun daha fazla incelemeyi gerektirmediğine karar verirse, kararının gerekçelerini taraflara bildirecektir. Bir vakanın daha fazla incelemeyi gerektirdiği yönündeki bir karar, gündeme getirilen konuların nihai olarak değerlendirildiği anlamına gelmez ve bir şirketin Rehbere uygun hareket edip etmediğine dair herhangi bir bulguya işaret etmez.

Paralel işlemler

35. "Paralel işlemler" terimi, doğası gereği yerel veya uluslararası olabilen, aynı konuları veya yakından ilgili konuları içeren ve devam eden belirli bir vakanın sonucunu etkileyebilecek adli veya adli olmayan süreçleri ifade eder. Örneğin aynı UTN'nin veya başka bir UTN'nin önüne getirilen belirli durum vakaları bu kapsamda yer alır. Konuyla ilgili paralel işlemler yürütülmüşse, devam ediyorsa veya ilgili tarafların erişimine açıksa, bu, UTN'nin taraflara "arabuluculuk" teklif etmesini engellemez. UTN'ler, iyi niyetli arabuluculuk teklifinin ileride ortaya çıkan sorunların çözümüne ve/veya Rehberin uygulanmasına katkıda bulunup bulunamayacağını değerlendirmelidir. Bunun diğer işlemlerde yer alan taraflardan herhangi biri için ciddi bir önyargı yaratıp yaratmayacağını veya bir mahkemeye karşı saygısızlık teşkil edip etmeyeceğini belirlemelidir. Böyle bir değerlendirme yaparken, UTN'ler; diğer UTN'ler arasındaki uygulamaları dikkate alabilir, belirli durum vakasını kısmen kabul etme veya paralel işlemler devam ederken incelemeyi askıya alma ihtimalini göz önünde bulundurabilir ve uygun olduğunda, paralel işlemlerin yürütüldüğü veya yürütülebileceği kurumlara danışabilir. UTN'ler, bu hususları ele alırken tarafların yardımını isteyecek ve paralel işlemler hakkında ilgili bilgileri ve görüşlerini paylaşmalarını talep edecektir.

Arabuluculuk

36. Ortaya çıkan sorunların daha fazla incelenmesinin gerekli olduğu durumlarda, UTN, sorunların çözümüne katkıda bulunmak amacıyla "arabuluculuk" hizmeti sunacaktır. Bu kapsamda, UTN'nin kendi vaka prosedürleri doğrultusunda, ilgili makamların yanı sıra iş dünyasının, işçi örgütlerinin, diğer sivil toplum kuruluşlarının ve uzmanların tavsiyelerini de alabilir. Diğer ülkelerdeki UTN'lere danışmak veya Sekretarya'dan bilgi almak ya da *Rehberin* yorumlanmasıyla ilgili konularda Sorumlu İş Yönetimi Çalışma Grubu'ndan rehberlik almak da sorunun çözülmesine yardımcı olabilir.

37. Arabuluculuk vasıtasıyla, UTN'ler, gündeme getirilen sorunların çözümüne yardımcı olmak için taraflar arasında diyaloga yönelik bir platform sunacaktır. Belirli durum vaka prosedürünün yargı dışı niteliği doğrultusunda ve tarafların rızasına tabi olarak, UTN'nin rolü, diyalog için uygun koşullar yaratmaktır. Böylece, gerektiğinde, meydana gelmiş olabilecek olumsuz etkileri ele almak için şirketin ileride Rehberi daha iyi uygulama taahhüdü doğrultusunda taraflar arasında anlaşmaya varılmasını kolaylaştırmaktır. UTN, taraflar arasındaki diyaloğu kolaylaştırırken, tarafların *Rehbere* uygun bir anlaşmaya varmalarını desteklemek için ortaya çıkan konularla ilgili olarak Rehberin hükümlerini taraflara açıklamalıdır.

38. UTN'ler; iyi niyetli yaklaşımlar kapsamında, mevcut sorunlarla ilgili olduğunda, sorunların çözümünde taraflara yardımcı olmak için arabuluculuk veya uzlaşma gibi düşmanca olmayan ve rızaya dayalı süreçlere erişim sunacak veya bu süreçleri kolaylaştıracaktır. Uzlaştırma ve arabuluculuk konusunda kabul edilen uygulamalarda yaygın görüldüğü üzere, bu süreçler, yalnızca ilgili tarafların mutabakatı ve işlemlere iyi niyetle katılım taahhütleri doğrultusunda kullanılacaktır. Arabuluculuk tercih edilen seçenekse, UTN'ler, arabuluculuğu kendileri yürütebilecekleri gibi arabuluculuk sürecini yürütmek veya desteklemek için taraflara danışarak harici arabulucuları görevlendirmeyi de tercih edebilirler.

İşlemlerin Sonuçlandırılması

39. UTN'ler, belirli bir duruma ilişkin vaka sonuçlarını her zaman Uygulama Yöntemlerinin IC-4. ve IC-6. paragraflarına uygun olarak kamuoyuna açıklamalıdır.

40. UTN, ilk değerlendirmeyi yaptıktan sonra, belirli bir durumda ortaya çıkan sorunların daha fazla incelemeyi gerektirmediğine karar verdiğinde, ilgili taraflarla istişarelerden bulunduktan sonra, hassas ticari bilgilerin ve diğer bilgilerin gizliliğini koruma ihtiyacını da göz önünde bulundurarak kamuoyuna açıklama yapacaktır. UTN, ilk değerlendirmenin sonuçları doğrultusunda, kararına ilişkin açıklamada bir tarafın kamuya açık bir şekilde tanımlanmasının adil olmayacağını düşünüyorsa, açıklamasını söz konusu tarafın kimliğini koruyacak şekilde hazırlayabilir.

41. UTN ayrıca, gündeme getirilen konuların daha fazla inceleme gerektirdiğine dair kararını ve ilgili taraflara iyi niyetli arabuluculuk teklifini de kamuoyuna duyurabilir.

42. İlgili taraflar; gündeme getirilen sorunlar üzerinde anlaşmaya varırsa, anlaşmalarında, anlaşmanın içeriğinin nasıl ve ne ölçüde kamuoyuna açıklanacağını da ele almalıdır. UTN, taraflara danışarak, kamuoyuna işlemlerin sonuçlarını da içeren bir açıklama yapacaktır. UTN, taraflar arasında anlaşmaya veya kısmi anlaşmaya varılmış olsa dahi, *Rehberin* uygulanması konusunda tavsiyelerde bulunabilir.

43. İlgili taraflar, gündeme getirilen sorunların tümü veya bir kısmı üzerinde anlaşmaya varamazsa, taraflardan biri veya her ikisi de işlemlerden çekilirse veya UTN, vaka taraflarından birinin veya daha fazlasının iyi niyetli arabuluculuk çalışmalarına dâhil olmak ya da katılmak istemediğini tespit ederse, gündeme getirilen sorunlarla ilgili olarak Rehberin uygulanması hakkında bir açıklama yapacak ve uygun şekilde tavsiyelerde bulunacaktır. Bu prosedür, bir UTN'nin belirli bir tavsiyenin gerekli olmadığını düşünse bile bir açıklama yapacağını açıkça ortaya koymaktadır. Açıklama; ilgili tarafları, ilgili konuları, konuların UTN'nin gündemine getirildiği tarihi, varsa UTN tarafından yapılan tavsiyeleri ve işlemlerde bir anlaşmaya varılamamasının gerekçelerine dair UTN'nin açıklamaya dâhil etmeyi uygun gördüğü herhangi bir gözlemi içermelidir.

44. Gerektiğinde ve sorunların çözümü ile ilgili olduğunda, UTN; ayrıca, kendi takdirine bağlı olarak, yürürlükteki ulusal yasaların ve vaka prosedürlerinin olanak sağlaması hâlinde, Şirket'in Rehbere uyup uymadığına ilişkin görüşünü nihai açıklamasında belirtebilir. Aynı şekilde, uygun olduğunda, UTN ilgili kamu kurumlarını, tarafların iyi niyetli arabuluculuk çalışmalarına katılımı veya katılımın yokluğu hakkında bilgilendirebilir. Bu konuda atılması amaçlanan veya atılan fiili adımlar hakkında taraflarla şeffaf bir şekilde iletişim kurmalıdır.

45. UTN, tarafların açıklama taslağına ilişkin yorumlarını iletmelerine fırsat sağlamalıdır. Bununla birlikte, söz konusu açıklama; UTN'nin beyanıdır ve tarafların yorumlarına yanıt olarak açıklama taslağının değiştirilip değiştirilmeyeceğine karar vermek UTN'nin takdirindedir.

Takip çalışmaları

46. UTN'ler, kolaylaştırdıkları anlaşmalar veya ilgili yerlerde yaptıkları tavsiyeler hakkında takip çalışmaları yapacaklardır. Taraflardan birinin bu tür bir takibi reddettiği veya sorunların tamamen çözüldüğünü kabul ettiği durumlarda takip çalışmaları gerekli olmayabilir. UTN'nin açıklamasında takip çalışmaları için son tarihlere yer verilmelidir. Takip çalışmaları; örneğin, taraflardan gelen güncelleme taleplerini veya anlaşma kapsamındaki taahhütlerin uygulanmasına ya da UTN'nin tavsiyelerine ilişkin ilerlemeyi değerlendirmek için UTN ile taraflar arasındaki bir veya birden fazla toplantıyı (ayrı ayrı veya birlikte) içerebilir. UTN, takip çalışmalarını gerçekleştirdikten sonra takip çalışmalarına ilişkin bir açıklama da yayımlamalıdır.

Şeffaflık ve Gizlilik

47. Şeffaflık, UTN'lerin yönetimi için genel bir ilke olarak kabul edilmektedir (bkz. paragraf 10c. yukarıdaki "Temel Etkinlik Kriterleri" bölümünde). Bununla birlikte, Yöntemlerin IC-6 paragrafında, taraflarca sunulan belirli gerçeklerin ve argümanların gizliliğinin korunmasının haklı gerekçelere sahip olduğu belirli koşullar kabul edilmektedir. Örneğin, UTN; ticari sırlar gibi hassas ticari bilgileri korumak için uygun adımları atacaktır. Aynı şekilde, işlemlerde yer alan kişilerin kimliği gibi diğer bilgiler, bu bilgilerin ifşa edilmesi onları veya ilgili kişileri misilleme riskiyle karşı karşıya bırakacaksa, gizli tutulmalıdır. Bununla birlikte, belirli durum vaka sürecinde güven oluşturmak ve *Rehberin* etkili bir şekilde uygulanmasını teşvik etmek için şeffaflık ve gizlilik arasında bir denge kurmak önem taşır. UTN'lerin bu hükümlerden bağımsız olarak, şeffaflık ve kamuoyunun aydınlatılması ile ilgili ulusal kanunlara uymakla yükümlü olabileceği de kabul edilmektedir.

48. UTN; Taraflar arasında bilgi paylaşımı ile ilgili olarak, eşitlikçi bir süreç yürütmek amacıyla, prensip olarak, işlemler sırasında (özellikle iyi niyetli arabuluculuk aşamasında) diğer taraflarca UTN'ye sunulan tüm ilgili veriler ve argümanlar konusunda tarafları bilgilendirmelidir. Bir taraf, özellikle hassas ticari bilgilerini ve diğer paydaşların çıkarlarını korumak için başvuru bilgilerini diğer tarafla tam olarak paylaşmamak için makul bir talepte bulunduğu takdirde, UTN, paylaşımı kolaylaştırmak ve herhangi bir hassas içeriği düzenlemek için başvuruda bulunan tarafla birlikte çalışmalıdır. UTN'ler, kararlarının temel yönlerini, her iki tarafın da erişimine açık olmayan bilgilere dayandırmaktan mümkün olduğunca kaçınmalıdır.

49. Temel etkinlik kriteri olan şeffaflık doğrultusunda, belirli bir duruma ilişkin vaka hakkında kamuoyuyla veya üçüncü taraflarla iletişim ile ilgili olarak, taraflar ve UTN; taraflar ve UTN arasında aksi kararlaştırılmadığı takdirde, belirli durum vakasının mevcudiyeti hakkında kamuya açık iletişim şekillerine başvurabilir. Bunun yanı sıra, UTN'ler, Yöntemlerin I.C.1.-5 Bölümünde açıklandığı üzere, tarafların sürecin aşaması hakkında kamuoyuna açık bilgi paylaşımında bulunmalarına (veya bunu kendileri yapmalarına) ve tarafların kendi ilk sunumlarını yayınlamalarına izin vermeye teşvik edilmektedir. Her iki taraf da, danışmanların bu tür bilgileri ifşa etmemeleri koşuluyla, diğer tarafın belirli bir duruma ilişkin paylaştığı bilgi veya belgeleri kendi danışmanlarıyla tartışabilir. Diğer bilgiler, taraflarca aksi kararlaştırılmadıkça gizli tutulacaktır. UTN'ler, özellikle de, sürecin başlangıcında, işlemler sırasında diğer tarafın veya UTN'nin kendisi (ilgili durumlarda harici bir arabulucu veya uzlaştırıcı dâhil) tarafından paylaşılan ve hâlihazırda kamuya açık olmayan bilgileri ve argümanları, sırasıyla diğer tarafın veya UTN'nin rızası olmadan kamuoyuna açıklamayacaklarını taraflara bildireceklerdir. Öngörülebilirlik, güven ve itimat ilkeleri doğrultusunda, UTN'ler; taraflardan ve danışmanlarından bu konuda yazılı güvenceler isteyebilir ve tarafların bilgileri ifşa etmeme taleplerine saygı duyulmasını teşvik eden hükümleri vaka prosedürlerine ekleyebilirler.

Katılımcı Olmayan Ülkelerde Ortaya Çıkan Sorunlar

50. Kavramlar ve İlkeler bölümünün 2. paragrafında belirtildiği üzere, şirketler, her bir ev sahibi ülkenin özel koşullarını dikkate alarak, faaliyet gösterdikleri her yerde *Rehbere* uymaya teşvik edilmektedir.

- *Rehberle* ilgili sorunların Katılımcı olmayan bir ülkede ortaya çıkması durumunda, menşe ülkedeki UTN'ler, ilgili sorunlara ilişkin kavrayışı geliştirmek için gereken adımları atacaktır. İlgili tüm bilgilere erişim sağlamak veya ilgili tüm tarafları bir araya getirmek her zaman mümkün olmasa da, UTN'nin yine de başvuruları araştırması ve gerçekleri ortaya çıkarmak için diğer faaliyetlere katılması mümkün olabilir. Bu tür adımlar kapsamında, UTN, örneğin menşe ülkesindeki şirket yönetimiyle iletişime geçebilir ve uygun olduğunda, Katılımcı olmayan ülkelerdeki büyükelçiliklerle ve devlet yetkilileriyle temaslarda bulunabilir.
- Ev sahibi ülke yasaları, yönetmelikleri, kuralları ve politikalarıyla çatışmalar; katılımcı ülkelere kıyasla, katılımcı olmayan ülkelerde *Rehberin* belirli durum vakalarında etkili bir şekilde uygulanmasını zorlaştırabilir. Genel Politikalar bölümüne ilişkin açıklamalarda belirtildiği üzere, *Rehber* birçok durumda yasaların ötesine geçse de, bir şirketi çelişkili şartlarla karşı karşıya bırakmamalı ve bunu amaçlamamalıdır.
- İlgili taraflara, Rehberin, Katılımcı olmayan devletlerde uygulanmasıyla ilgili sınırlamalar hakkında bilgi verilmesi gerekmektedir.
- Katılımcı olmayan devletlerde ortaya çıkan sorunların ele alınmasına ilişkin uzmanlık oluşturmak amacıyla, Katılımcı olmayan devletlerde *Rehber* ile ilgili ortaya çıkan konular, UTN toplantılarında ele alınabilir.

Tahmini Uygulama Takvimi

51. Belirli durum vakası prosedürü beş farklı aşamadan oluşur:

1. *Koordinasyon*: İlgili durumlarda, lider UTN'yi belirlemek için belirli durum vakasının özellikleri doğrultusunda, diğer UTN'lerle koordinasyon sağlanır. Lider ve destekleyici UTN'leri belirlemek için gerçekleştirilecek ilk koordinasyon düzenlemeleri iki ay içinde tamamlanmalıdır.
2. *İlk değerlendirme ve taraflara yardımcı olmak için arabuluculuk teklif edip etmeme kararı:* UTN'ler; lider ve destekleyici UTN'lerin belirlenmesinde sonra üç ay içinde ilk değerlendirmelerini tamamlamaya çalışmalıdır, ancak bilgilere dayanan bir karar almak için gereken bilgileri toplamak veya tercüme etmek için ilave zamana ihtiyaç duyulabilir.
3. *Ortaya çıkan sorunları çözme çabalarında taraflar*a *yardım*: Bir UTN, iyi niyetli çalışma teklifini sunmaya karar verirse, sorunların zamanında çözülmesini kolaylaştırmak için çaba göstermelidir. Arabuluculuk ve uzlaştırma da dâhil olmak üzere iyi niyetli çözüm çalışmaları kapsamında ilerlemenin nihayetinde ilgili taraflara bağlı olduğunu kabul ederek, UTN, taraflara danıştıktan sonra, ortaya çıkan sorunları çözmek için taraflar arasındaki müzakereler için makul bir takvim oluşturmalıdır. Taraflar bu süre zarfında bir anlaşmaya varamazlarsa, UTN, yardımını sürdürmenin faydası konusunda taraflara danışmalıdır. UTN, prosedürlere devam etmenin verimli olmayacağı sonucuna varırsa, süreci sonuçlandırmalı ve sürece ilişkin bir açıklama hazırlamalıdır.
4. *İşlemlerin sonuçlandırılması:* UTN, işlem prosedürünün sona ermesinden sonra, üç ay içinde açıklamasını yayımlamaya çalışmalıdır.
5. *Takip*: UTN, taraflara danışarak herhangi bir takip çalışması için kendi zaman çizelgesini belirleyebilir.

52. Genel bir ilke olarak, UTN'ler, belirli bir duruma ilişkin vaka başvurusunun alınmasından itibaren 12 ay içinde (lider UTN belirlemek için koordinasyon gerekiyorsa 14 ay içinde) prosedürü sonuçlandırmaya çalışmalıdır. Koşulların gerektirmesi hâlinde bu sürenin uzatılabileceği kabul edilmektedir. Bu tür durumlara örnekler; sorunların Katılımcı olmayan bir devlette ortaya çıktığı durumları, belirli bir durumun birden fazla şirketi, birden fazla başvuru sahibini ve birden fazla UTN'yi içerdiği durumları veya çeviri yapılmasının

gerekli olduğu durumları içerir ancak bunlarla sınırlı değildir. Belirli bir durumun ele alınması ile ilgili gecikmeler öngörüldüğünde veya yaşandığında, UTN, işlemlerin öngörülebilir kalması için tarafları zamanında bilgilendirmelidir. UTN, vaka prosedürlerine uygun olarak, vakaların durumu hakkında kamuya açık güncel bilgiler yayımlamaya da karar verebilir.

Sorumlu İş Yönetimi Çalışma Grubu'na ve Yatırım Komitesi'ne raporlama

53. Raporlama, UTN'lerin önemli bir sorumluluğudur. Aynı zamanda *Rehberin* etkinliğini arttırmak açısından gereken bilgi havuzunun ve temel yetkinliklerin oluşturulmasına katkıda bulunur. Bu bağlamda, UTN'ler; Çalışma Grubu'na ve Yatırım Komitesi'ne yıllık rapor sunacaklardır. OECD Rehberine ilişkin Yıllık rapora taraflarca başlatılan tüm belirli durum vakaları hakkında bilgiler eklenecektir. Çalışma Grubu; UTN'nin yıllık raporlarına ilişkin analizini Komite'ye sunacaktır. Bu analiz; Rehbere İlişkin Yıllık Rapora dâhil edilecektir. UTN'nin yıllık raporları; Koordinasyon, İlk Değerlendirme, İyi Niyetli Arabuluculuk, Sonuç veya Takip aşamalarındaki belirli durum vakalarını içermelidir. UTN'ler, belirli durum vakalarıyla ilgili uygulama faaliyetleri hakkında raporlarını hazırlarken, Uygulama Yöntemleri'nin I.C-6-7 paragrafında ve vaka prosedürlerinde öngörülen şeffaflık ve gizlilik ilkelerine riayet edecektir.

Sorumlu iş yönetimini teşvik etmeye yönelik hükümet çabalarının desteklenmesi

54. Karar'da, UTN'lerin, uygun olduğunda ve ilgili kamu kurumlarıyla mutabık kalındığında, sorumlu iş yönetimini teşvik eden hükümet politikalarının ve programlarının geliştirilmesine, yönetimine ve tutarlılığına katkıda bulunabileceği kabul edilmektedir. UTN'ler, özellikle de bu tür çabaların *Rehbere* uygunluğunu destekleyebilirler. Çalışmaların sorumlu iş yönetimi için uluslararası bir standart olarak Rehbere uygun olarak yürütülmesinin yanı sıra, OECD teknik değerlendirme rehberi gibi Rehberden türetilen diğer OECD belgelerine ve rehberlerine uygun bir şekilde gerçekleştirilmesine de katkıda bulunabilirler.

55. UTN'lerin, bağlama bağlı olarak sorumlu iş yönetimini teşvik etmek için politikalar geliştirme, uygulama ve politikalar arasında tutarlılığı arttırma çabalarında bulunan hükümetleri destekleyebilecekleri çeşitli yollar vardır. İlk olarak, UTN'ler; belirli bir kamu kurumunun politikaları ve programları (ticaret alanında savunuculuk, ekonomik diplomasi veya şirketlere yönelik diğer destek ve hizmetler gibi) ile ilgili açıklamalarını, raporlarını, diğer verileri, anketleri ve öngörülerini paylaşarak ilgili kamu kurumlarını bilgilendirmeye teşvik edilmektedir. İkincisi, Katılımcı devletler, UTN'lerini sorumlu iş yönetimi ve/veya iş ve insan haklarına ilişkin ulusal eylem planları gibi politika veya programları geliştirme ve uygulama süreçlerine dâhil etmeyi faydalı bulmaktadır. Bu hüküm, *Rehberin* gönüllülük esasına dayalı olma niteliğini değiştirmez. UTN tarafından sağlanan veya UTN'den talep edilen herhangi bir destek kapsamında, UTN'lerin kapasiteleri ve öncelikleri dikkate alınmalıdır. UTN'lerin Karar ve Uygulama Yöntemlerinde açıklanan sorumluluklarını yerine getirme kabiliyeti zayıflatılmamalıdır.

II. Yatırım Komitesi, Sorumlu İş Yönetimi Çalışma Grubu ve Sekretarya Yöntemlerine ilişkin Açıklamalar

56. Konsey Kararı'na ilişkin Uygulama Yöntemleri Komiteye, Çalışma Grubu'na ve Sekretarya'ya sorumluluklarını yerine getirirken aşağıdaki belirtilen konularda ilave rehberlik sağlar:

- Sorumluluklarını etkin bir şekilde ve zamanında yerine getirilmesi
- Belirli durumlarda *Rehber* hakkında açıklama, yardım ve bilgi sağlamak da dâhil olmak üzere UTN'lerden gelen yardım taleplerinin dikkate alınması
- UTN'lerin faaliyetleri hakkında görüş alışverişi
- Uluslararası paydaşlardan ve uzmanlardan tavsiye alma imkânı.

57. *Rehberin* bağlayıcı olmayan niteliği, Komite'nin kısmen ya da tamamen yargı organı olarak hareket etmesini engellemektedir. UTN tarafından elde edilen bulgular ve yapılan açıklamalar (*Rehbere* ilişkin yorumlar dışında) Komite'ye bir yönlendirme yapılması suretiyle sorgulanmamalıdır. Komite'nin belirli bir

şirketin yönetimi/davranışları hakkında sonuçlara varmayacağı hükmü, Karar'ın kendisinde muhafaza edilmektedir.

58. Sekretarya ve Çalışma Grubu, devam eden belirli durum vakalarında Rehberin yorumlanması konusunda bir şüphe bulunması durumunda, UTN'lerden gelen yardım taleplerini dikkate alacaktır. Bu gibi durumlarda, UTN'ler, *Rehberin* benzer vakalarda yorumlanmasıyla ilgili bilgi almak için önce Sekretarya ile iletişime geçmelidir. UTN'ye yardımcı olmak için bu tür bilgilerin mevcut olmadığı veya yetersiz olduğu durumlarda ya da Sekretaryanın UTN'ye yardımcı olamadığı durumlarda, UTN; Sorumlu İş Yönetimi Çalışma Grubu'ndan rehberlik talebinde bulunabilir. Bu tür talepler gizli tutulacak ve mevcut kaynaklara tabi olarak hızlı bir şekilde ele alınacaktır. Çalışma Grubu; rehberlik taleplerinin ele alınmasını hızlandırmak, taleplere yanıt vermek için geçici toplantılar düzenleyebilir veya bir alt grup oluşturabilir. Böyle bir durumda, alt grup tarafından izlenecek prosedürleri geliştirecektir. Sekretarya tarafından sağlanan bilgiler ve Çalışma Grubu'nun rehberliği gizlidir, vakaya özgüdür ve tavsiye niteliğindedir. Sekretarya; Çalışma Grubu'na düzenli olarak rapor verecektir. Çalışma Grubu da bilgi ve rehberlik taleplerine yol açan konular ve sağlanan yanıtlar hakkında gizliliğe gereken saygıyı göstererek Komite'ye düzenli olarak rapor verecektir. Rehberlik talep edilen bir sorunun Rehberin yorumuna ilişkin bir açıklama gerektirdiğini düşünürse, UTN'yi Uygulama Yöntemleri II.2.c) Bölümü doğrultusunda Komite'den bir açıklama istemeye davet edecektir.

59. Uygulama Yöntemleri'nin II.2.c) Bölümü uyarınca *Rehberin* yorumlanmasına ilişkin açıklamalar, yorumların ülkeden ülkeye değişmesini önlemek için Komite'nin temel bir sorumluluğu olmaya devam etmektedir. Katılımcı devlet, bir danışma organı (BIAC veya TUAC) veya OECD Watch da bir açıklama talebinde bulunabilir. Bu kapsamda geçmişte dosyası kapatılan belirli bir durum vakası konusunda ya da UTN'nin *Rehberi* doğru yorumlayıp yorumlamadığı konusunda Komite'den açıklama talep edebilir. Komite'nin açıklaması; Komite tarafından tanımlanacak prosedürlere uygun olarak, Sekretarya'nın desteğiyle, Çalışma Grubu tarafından hazırlanacak ve OECD'nin internet sitesinde kamuoyuna açıklanacaktır. Yatırım Komitesi, açıklamasını yayımlarken bireysel olarak şirketlerin davranışlarına ilişkin sonuçlara varmayacaktır. Bu tür bir açıklama sonucunda, UTN'lerden belirli bir durum vakasına ilişkin kapatılmış bir dosyayı yeniden açması beklenmez.

60. Komite, UTN faaliyetlerini tartışırken, gerektiğinde, *Rehberin* etkili bir şekilde uygulanması da dâhil olmak üzere UTN'lerin işleyişlerini iyileştirmek ve bir UTN'nin işlevsiz hâle geldiği herhangi bir durumu ele almak için tavsiyelerde bulunabilir. Özellikle, Komite, bir UTN'nin son iki yıllık raporlama döngüsüne ve Çalışma Grubu'nun önerisine dayanarak, bir UTN'nin uzun bir süre boyunca ve meşru bir neden olmaksızın, Uygulama Yöntemlerine uygun bir şekilde çalışmadığını belirleyebilir. Böyle bir bulgu; çeşitli nedenlere dayanıyor olabilir. Örneğin UTN temel sorumluluklarını yerine getirmesi için gereken kaynaklar sağlanmamış olabilir, kurumsal düzenlemeler bariz bir şekilde yetersiz olabilir, herhangi bir tanıtım faaliyeti gerçekleştirilmemiş olabilir, belirli durum vakaların ele alınmasıyla ilgili ciddi gecikmeler tekrarlanmış olabilir ya da raporlama konusunda eksiklikler bulunabilir. Komite, daha sonra UTN'nin bulunduğu ülkeye tavsiyelerde bulunabilir ve onu belirli bir süre zarfında uygulama hakkında rapor vermeye davet edebilir. Bu tür bir raporun UTN'nin, Uygulama Yöntemlerine uygun çalıştığı konusunda, Komite'yi tatmin etmemesi durumunda, Komite daha fazla tavsiyede bulunabilir. Komite, Sekretarya'dan tavsiyelerin uygulanması için Katılımcı devlete yardımcı olmasını isteyebilir. UTN'nin bulunduğu Katılımcı ülke, sürece iyi niyetle katılmalıdır ve o ülke tarafından belirlenen istisnai durumlar haricinde, ülkeden oy birliğine katılması beklenmektedir.

61. Komite; katılımcı bir ülke, bir danışma organı (BIAC veya TUAC) veya OECD Watch tarafından yapılan ve bir UTN'nin belirli durum vakalarında *Rehberin* uygulanmasına ilişkin sorumluluklarını yerine getirmediğine dair doğrulanmış başvuruları da değerlendirecektir. Komitenin yanıtı, Komite tarafından tanımlanan yöntemlere uygun olarak, Sekretarya'nın desteğiyle Çalışma Grubu tarafından hazırlanacaktır. Hazırlanan yanıt, oy birliği ile onaylanacaktır. Hakkında doğrulanmış bir başvuru bulunan UTN'nin faaliyet gösterdiği Katılımcı ülke, sürece iyi niyetle katılmalıdır ve o ülke tarafından belirlenen istisnai durumlar haricinde, ülkenin oy birliğine katılması beklenmektedir. Komite; kararından önce, söz konusu Katılımcı

devlete doğrulanmış başvuru hakkındaki görüşünü ifade etme imkânı verecektir. Komite, Katılımcı devleti, yanıttan sonraki on iki ay içinde bir tavsiyenin uygulanması hakkında rapor vermeye de davet edebilir.

62. *Rehber* kapsamındaki konularda Katılımcı olmayan ülkelerle ilişki kurmak için Komite, Katılımcı olmayan ilgili devletleri toplantılarına, Kurumsal Sorumluluğa ilişkin yıllık Yuvarlak Masa toplantılarına ve sorumlu iş yönetimi ile ilgili belirli projelerle ilgili toplantılara davet edebilir.

63. Son olarak, Komite ve Çalışma Grubu; daha geniş kapsamlı sorunları (örneğin, çocuk işçiliği veya insan hakları) veya bireysel sorunları ele almak ve raporlamak ya da uygulamaların etkinliğini arttırmak için uzmanları da davet etmek isteyebilir. Bu amaçla Komite, OECD bünyesindeki uzmanlara, uluslararası kuruluşlara, danışma organlarına (BIAC ve TUAC), OECD Watch kuruluşuna, sivil toplum kuruluşlarına, akademisyenlere ve diğer uzmanlara çağrıda bulunabilir. Bunun bireysel sorunları çözmeye yönelik bir panel hâline dönüşmeyeceği anlaşılmaktadır.

www.ingramcontent.com/pod-product-compliance
Ingram Content Group UK Ltd.
Pitfield, Milton Keynes, MK11 3LW, UK
UKHW051643031026
15588UKWH00007B/1299

9 789264 475823